U0478937

教学论前沿问题研究丛书 | 李森·主编 |

梦山书系 

方法论变迁与教学论发展研究

A study of Methodological Change and Pedagogical Development

陆明玉 著

海峡出版发行集团 THE STRAITS PUBLISHING & DISTRIBUTING GROUP | 福建教育出版社

图书在版编目（CIP）数据

方法论变迁与教学论发展研究/陆明玉著. —福州：福建教育出版社，2024.12. —（教学论前沿问题研究丛书/李森主编）. —ISBN 978-7-5758-0003-7

Ⅰ.G42

中国国家版本馆 CIP 数据核字第 2024RB8582 号

教学论前沿问题研究丛书

李森　主编

Fangfalun Bianqian Yu Jiaoxuelun Fazhan Yanjiu

方法论变迁与教学论发展研究

陆明玉　著

出版发行	福建教育出版社 （福州市梦山路 27 号　邮编：350025　网址：www.fep.com.cn 编辑部电话：0591-83726908 发行部电话：0591-83721876　87115073　010-62024258）
出 版 人	江金辉
印　　刷	福建省地质印刷厂 （福州市金山工业区　邮编：350011）
开　　本	710 毫米×1000 毫米　1/16
印　　张	13
字　　数	185 千字
插　　页	2
版　　次	2024 年 12 月第 1 版　　2024 年 12 月第 1 次印刷
书　　号	ISBN 978-7-5758-0003-7
定　　价	39.00 元

如发现本书印装质量问题，请向本社出版科（电话：0591-83726019）调换。

总　序

李　森

改革开放三十多年来，我国教学论学科的发展取得了举世瞩目的成就。教学论学科体系日臻成熟，学科概念、基本范畴、研究范式得以不断廓清。随着教学论研究团队的日益壮大和研究问题的不断深入，教学论基本问题的研究可谓硕果累累。然而，学界也不乏对教学论研究成果理论意义和实践价值的质疑，诸如教学论研究的理论情怀缺失、实践指导乏力，教学论自身话语体系残缺、本土特色不足，教学论研究“表面风光”的背后潜藏着“虚假繁荣”等问题。因此，教学论研究者无论是坐拥已有的“繁花锦簇”研究成果，还是面临振聋发聩的“声讨”，既不能沾沾自喜、满足于已有的学术成就，也不能妄自菲薄，对前人的研究成果嗤之以鼻，而应不卑不亢，在理论探究与实践摸索中准确把握教学论研究的“咽喉”，一路引吭高歌，保持毅然前行的状态，争取立足已有基础更上一层楼，以深层行动回应质疑与挑战。为此，我们紧紧扣住“教学论研究的前沿问题”这条线索，力图深入剖析教学论研究的热点、难点、重点和新问题，力求实现教学论研究言说问题持之有理、指导实践掷地有声的目的。教学论研究的前沿问题，是在教学论研究中处于边缘地带但却对教学论学科发展具有突破性意义的问题。教学论前沿问题源于教学论的基本问题，是教学论研究发展到一定阶段的产物，体现了对教学论研究时代特性的重大关切。前沿问题的研究，有助于教学理论研究和教学实践问题的解决获得新的进展。因而，如何在探讨教学基本问题时，了解教学论研究的前沿成果，形成自觉关注教学理论与教学实践中前沿问题的意识与能力，是一件有意义的事情。

国内外教学论研究者已然认识到了前沿问题在教学论研究中的重要意义，并对教学论前沿问题进行了一些有益探索。目前，我国教学论领域中对前沿问题的关注主要以两种方式呈现：一是兼顾学科内在结构的逻辑性，对教学论领域中重大、前沿问题，以“专题回顾”“专题论述”的形式集结成册的专著；二是围绕教学论领域中某一具体的前沿、热点问题的专著。综观已有研究成果，国内关于教学论前沿问题的研究较少以丛书的形式出现，故我们萌生了集中系统呈现教学论前沿问题研究成果的想法。教学论学科建设与繁荣，离不开一支优秀的教学论研究团队。博士研究生群体作为教学论研究的新生学术力量，代表着教学论学科发展的未来，推动着教学实践的境界提升。博士研究生是否具有“顶天立地”的问题意识？能否保持“世事洞明”的学术敏感？我们认为，对教学论前沿问题的关注，是决定研究教学论学术队伍能否不断产出有价值的研究成果，推动教学论学科持续发展的关键所在。基于此，我们紧跟教学论学科发展及研究前沿，充分体现教学理论的引领性和应用性，形成了一批课程与教学论专业优秀博士学位论文精选集——“教学论前沿问题研究丛书”，旨在如实勾勒教学实践的现实状况，凸显教学论研究的问题意识，把握教学论研究的时代脉搏，彰显教学理论研究的前瞻性与时代性，解决教学理论研究和教学实践的迫切问题。

本套丛书主要着眼于教学理论和教学实践中具有重要学术价值和应用价值而容易为教学论研究者所忽视的问题，坚持学术性与实践性兼顾、现实性与超前性并重的原则，以教学论领域中的前沿问题为基本出发点，深入探讨教学活动中的基本问题，如教学主体（教师和学生）、师生关系、教学方式、教学范式、教学管理等。同时，对当前我国基础教育课程改革与发展中一些亟待解决的问题也有所思考和回答。

比如《教学论新探》，遵循教学论范畴—研究范式—研究方法的主线，分析教学论的脉络和框架，深入剖析英美文化圈、欧洲大陆文化圈和东方文化圈等不同文化传统中的教学论研究，展望中国教学论的未来发展。该书的最大特点在于从文化学视角审视教学理论的不同形态和研究路径。研究教学论不能无视文化的影响，而应从文化学角度观照当代教学论的新进展，如此将会获得许多新的观点和认识。现代教学论及其相关问题的产生是建立在已有教学论研究成果基础之上的，在这一过程中，传统教学论得到“新生”，现代教学论由此获得新的“营养”。教学论正是在这种传统与现代的整合过程中不断开拓新领域，获得持续发展的动力。

《教师的文化觉醒及其教学实现》从文化政治学、文化心理学、多元文化主义和后现代主义等角度对教学进行重新阐释，将研究问题置于社会文化生态情境下进行全面的研究；借助尼采哲学中精神三变的隐喻作为线索，运用其成熟的哲学思维框架构建全书的结构，突破了既有的思路建构范式；从教师文化以及教师实践有机结合的维度提出了教师文化觉醒的内涵和价值；对古希腊思想家自我修炼的“听说读写”方案，进行本土化的时代改造和从文化生态学构建教学评价维度等。

《教师感情修养论》提出教师感情作为一种职业感情，是教师对教育世界人事的好恶感受和体验。全书从“（教师）角色—（教学）文化”的视角，阐明教师及其教学工作为何具有感情性，并探讨教师感情修养的必要性和特殊性。在研究视角上，该书通过对教师感情修养的探讨，不求“面面俱到”，但求“孤军深入”“以点带面”，旨在丰富教学论研究与实践的感情维度，强调感情研究的教育学立场；在研究内容上，提出了教师感情修养的原创性理论，诸如感情本体理论、感情规则理论、感情管理理论和感情劳动理论等，从教师感情角度探寻教学之道。而如果理解了教育之道，那就必然重视教师感情修养在教育中的地位，彰显教师感情修养的魅力与风采。

《感悟教学论》着重在构建一个比较完整的感悟教学理论体系的研究目的，以现代悟性认识论为视角，综合运用课堂志研究法、案例研究法和德怀术研究法，通过对国内外相关文献资料的收集和整理，梳理出感悟教学的基本内涵、特征与功能，在充分论证感悟教学理论的基础上，探索感悟教学的生成机制，最后落脚于感悟教学课堂设计，在探索感悟教学实施的基本策略和各学科具体策略的同时，也不忘对感悟教学的实施原则和评价机制进行深入探讨，以期为进一步研究感悟教学的理论与实践提供参考资料。

利益是人类活动的动因，教学是利益存在的活动，只有正视教学利益的存在，促进教学活动主体合理教学利益的生成和实现，才能实现教学活动中人的主体性发展，体现教学活动真正的价值。因此，《教学利益论》旨在系统性地探讨和揭示什么是教学利益，教学利益与教学价值和教学效率是怎样的关系，如何通过教学利益的生成和实现等问题，希望唤醒人们对教学活动利益性的关注和认识，采取措施推动师生主体性发展。

《教学民主论》借鉴当前颇受关注的女性主义理论来观照教学民主问题。女性主义旨在追求女性的解放和两性的平等。在女性主义的视野中，女性是相对于男性的弱势群体。在解放的女性主义分析模式下，教学民主不再是因为教师采取所谓的民主方法对待学生的结果，而是教师通过解放学生，让学生自觉自为地意识到解放自我的需要，并积极主动地争取解放，实现教学民主从“给予”到“解放”的转变，从而促成学生平等、自由的发展。

略举几例可见，丛书既包含从历史和学理的视角，对教学论研究的发展、教师的文化觉醒及其教学实现、教师的感情修养、教学活动的人学取向等教学论的重要理论问题与新兴领域进行了探讨，又从教学实践的角度，对教学管理、教学范式、教学利益等问题进行具体的分析和论述，以提升教学论的实践理性。还从研究的角度对教学论发展的方法论进行了反思，以期提供思考教学论问题的方法论体系。

本套丛书坚持学术研究与教学实践的有机结合，既着重从学理层面理性审视教学实践，又力求让教学实践凸显理论思维，以提升学术研究的实践自觉和教学实践的学术品性，使读者深入了解教学论研究前沿问题，达到掌握理论、认识实践、更好开展研究的目的。据此，本丛书特色主要表现在：

（1）时代性。本套丛书从反映时代特征的教学论研究和教学实践的全局性问题出发，直逼教学活动“目中无人”、忽视教师的教学感情世界、教学论研究中的方法论意识淡薄等现实问题，紧扣时代脉搏，以使教学论研究更好地顺应和引领时代需求。

（2）创新性。创新是学术发展的命脉。本套丛书的选题均围绕已有教学论研究较少涉猎或尚未系统思考的问题，如教学感情、教学利益、教学民主等，以期为教学论学术研究注入源源不断的新鲜血液。

（3）深刻性。本套丛书从人类学、生态学、文化学、心理学等多学科视角出发，对教学论研究中的诸多前沿问题进行鞭辟入里的历史透视与现实检视，不求做到“面面俱到”，但力求做到“片面的深刻”，以点带面。

（4）实用性。本套丛书虽然关注教学理论研究的热点，但内容不乏具有操作性的策略和案例，可供教学论研究者、教学管理者、教师和学生等在教学实践中借鉴与参考，有益于开阔视野、启迪思路。

教学理论是教学实践的先导，必须为教学实践提供思想和方法的滋养。教学实践是教学理论的源头活水，教学理论研究脱离了教学实践只能成为漫无边际的荒漠。因而，教学论研究者既要“坚守本分”，扎根教学实践，扎扎实实做好教学论基本问题的研究，又要有高瞻远瞩的视野和敢于领跑的情怀，走在时代前列，攻坚克难。本套丛书中我和我的博士生们致力于教学论前沿问题的研究，希望借此抛砖引玉，引起更多的教学论研究者对教学论前沿问题研究的关注。不当之处，欢迎大家批评指正！

最后，衷心感谢福建教育出版社的成知辛主任以及其他有关同志，他们在本套丛书的选题、组稿、修改、定稿和编辑出版过程中付出了艰辛的劳动。如果没有他们的关心和支持，这套丛书是难以与大家见面的。

2014 年 10 月

目　录

前　言

人是理性的存在，是一种反思性的存在。人对教学现象和教学活动进行理性思索的结果表现为教学论。因而，教学论本身是理性的存在。目前，在教学论的发展中，存在着诸多问题亟待解决，教学论作为理性的存在本身也需要不断地自我批判与反思。据此，本研究基于现实中教学论的困境以及自我反思的需要，以方法论为视角综合运用文献研究法、历史研究法、比较研究法、逻辑分析法等，对教学论的发展进行系统而深入的研究。

全书共分为六个部分。

第一部分：导论。中国教学论从严格意义上来说是“舶来品”。近年来，不断出现构建中国特色的教学论体系、发展本土化教学论的声音。究竟中国传统教育思想中是否有本土特色的教学论传承？中国教学论的历史发展是怎样的？与世界教学论发展是否具有共同的发展规律？解答这些问题就能够为中国现代教学论的发展提供可借鉴的启示。本部分主要介绍了研究的源起、相关研究综述、研究的目的及意义、研究思路与方法、研究的重难点与创新点。

第二部分：教学论考辨。教学活动是人类特有的社会活动，自原始社会起，就有了教学活动。在漫长的历史进程中，教学活动随着社会的演进而改变，随着社会实践的发展而发展，那么就有必要梳理中外关于教学论基本观念的演变，明确教学论的内涵。不同的教学论内涵所映射的是背后的思维方式的不同，即方法论的不同，那么就必要明确本研究的视角——方法论的含义与定位。在本研究中，教学论作为一门学科，对国外教学思想、教学理论的梳理与考察也是在学科意识之下进行的。本研究根据研究目的确定方法论的定位：仅在哲学方法论层面对教学论进行历史考察。

第三部分：从方法论看国外教学论的发展。教学论不断科学化的进程就是人类对教学的观念、思想不断成熟，逐步由感性上升至理性，并且不断理性化的过程。本部分对国外教学论发展的研究将以理性为线索，以哲学视域中的理性主义方法论为侧面进行梳理与分析。国外教学论的发展经历以下几个阶段：第一，前理性时期。代表思想是智者派的教学思想、柏拉图的教学思想和经院哲学流派的教学思想。第二，理性的启蒙与确立时期。代表思想是培根经验论哲学下的教学思想、夸美纽斯的《大教学论》的教学思想。第三，理性自觉时期。理性主义的发展为教学论提供了新的方法论基础。代表人物是赫尔巴特的教学思想。第四，理性发展的困惑时期。欧洲的新教育运动和美国的进步主义教育等在 19 世纪末 20 世纪初教育教学的矛盾与斗争、困惑与抉择中发展，多种哲学思想成为教学论的方法论基础，在理性与非理性的道路上，教学论学科面临着更多的困惑而呈现出茫然的状态。第五，理性的“理性”发展时期。教学论的发展不再局限于哲学方法论的基础作用。教学论在理性与非理性、科学与人文之间作出了理性的思考与抉择。教学论进入了新的发展阶段。

第四部分：中国教学论的方法论追寻。尽管许多学者认为，中国教学论是“舶来品”。但是，在漫长的中国教育发展史中，依然存在着丰厚的具有现代价值的教学思想需要人们去挖掘与认识、传承与发展。本部分以 1840 年鸦片战争，中国被迫打开国门，教学论面临着时代的冲击与发展为分割点，将中国教学论分为传统教学论与现代教学论两部分分别进行探讨。中国传统教学论中朴素的辩证法思想、人性观是教学论思想的哲学基础，天启式论断和类推式逻辑为教学论思想的逻辑线索，它们共同构成传统教学论的方法论推动中国传统教学论的发展。中国现代教学论在被动的接受与主动的建构过程中，始终以借鉴和学习为主要的教学论发展模式。其中，方法论表现为一元的马克思主义哲学方法论和多元的哲学思想。中国教学论的发展是在继承传统的基础上，不断寻求科学化的发展道路。

第五部分：中外教学论的方法论比较。中外教学论的发展在方法论层面的共性表现为追求“存在者”的实体思维与关注“辩证”的关系思维；个性表现为方法论数量的一元与多元、方法论运思的内省与外察、方法论所持之本不同三个方面。事物都是因为比较而显其自身价值的，这是辩证唯物主义的一个基本观点。通过比较，阐明中外教学论发展中的共性与个性，并深层次地挖掘其背后的方法论根源，以便更好地借鉴先进的或者更加成熟的教学论思想，推动中国教学论学科的建设与发展。方法论的比较为探寻教学论发展的规律作铺垫。探寻教学论发展的规律，一方面可以促使人们按照教学论发展的基本规律进行教学论研究；另一方面明确教学论的发展规律能够深化对教学论的认识，为教学论的未来发展创造更好的条件。教学论发展的规律表现为：教学论发展是从感性认识到理性认识螺旋上升的过程，教学实践和教学认识的矛盾是教学论发展的根本动力，实践关系是教学论发展过程中一切关系的基础，对本质与规律的探寻是教学论发展的永恒主题。

第六部分：教学论发展的生长点。回顾世界教学论发展的历史，理性与科学是教学论发展的必经之路，且必然会是教学论发展过程中的主旋律。本部分就以中国教学论的特点为起点，在探讨可能的成因基础上，阐明教学论发展的生长点。生长点是教学论发展的关键问题，抓住这个关键，就能为教学论的发展开辟广阔的道路，从而在最大限度内促进教学论的发展。纵观历史上教学论领域的每次重大突破和革新，都是源于生长点的重大突破和重新抉择。教学论外部发展的根本助力——方法论必然会为教学论的发展提供线索，教学实践活动和教学论本身的特点也会对教学论发展新的生长点有所启示。学科体系是一门学科成熟与发展的标志，因此，从教学论学科体系的维度探讨教学论的未来发展也是重要的路径之一。教学论的实践性、教学研究方法论的成熟与建立、以“学”为逻辑起点的教学论学科体系可能会成为教学论发展新的生长点。

本研究的创新之处表现在两个方面：一是研究视角的创新。从方法论的角度对教学论的历史与存在进行考察，期望通过这样的研究对现代教学论的学科建设与发展有所助益。以研究者所掌握的资料来看，从方法论的角度全面考察、比较中外教学论是首次。二是观点的创新。从方法论的角度思考教学论的历史发展、现实存在与未来走向，会对教学论的发展和走向提供启示。关注教学论的实践性、教学研究方法论的基础学科的发展与成熟、以“学”为逻辑起点建构教学论学科体系成为教学论学科发展的新的生长点。

导 论

（一）问题的提出

纵观中国现代教学论的发展，更多地是引进、借鉴学习国外的教学思想，来推动教学论的学科发展。自改革开放以来，中国教学论才从某种程度上摆脱了借鉴与学习的道路，进入深入学习、全面发展、不断创新与反思的历程。因此，常常会有这样的意识：教学论有长期的发展历史，但在中国却属于依然年轻、存在着诸多问题的学科。进入 21 世纪，中国现代教学论的建构面临全新的挑战与困惑，促使教学论研究者不断思索教学论自身发展问题。所以，近年来不断有构建“中国特色的教学论”“本土化教学论”等等声音，预示着中国教学论学科发展面临的时代课题。中国教学论学科发展是基于中国传统文化的土壤还是根植于中国具体的教学实践活动？是继续专注于演绎思辨的体系建立还是着眼于教学生活世界的经验的归纳与提升？任何学科都难以脱离方法论的指导，任何学科都有其赖以存在和发展的理论基础、方法论基础。如果能够从方法论的角度对教学论的发展进行历史考察，沿着教学论发展的历史轨迹，以方法论的视角审视，重新梳理教学论的基本问题，或许能够给予一些启迪与思考。正如阿·托尔斯泰说过的：“地球是圆的，这本身并不可贵，可贵的是怎么知道它是圆的……我们往往闭着眼不看任何科学的真谛，不去研究伟大的智者为搞清楚真理而走过的道路。”① 时代发展引起教学论发展面临的困境使得广大研究者有必要看看历史中的教学思想家为搞清楚教学论所走过的道路。本研究正是基于这样的背景提出来的。本研究的提出基于以下几个方面：

1. 对教学论研究面临困境的思考

进入21世纪以来，我国的教学改革逐步深入，从事教学论研究的人越来越多，并且以各种各样的形式发表成果，说明教学论研究受到前所未有的重视。当前，创造进化论、过程哲学与建设性后现代主义，以及系统论、信息论、控制论、博弈论、运筹学、耗散结构论、协同学等新研究成果不断涌现，为教学论研究提供了新的视角和方法论。教学论研究者根据自身的学科背景、思维方式，借鉴不同的哲学和系统科学研究探讨教学活动，丰富了教学论体系。但也应当看到，教学论研究有盲目引进外国理论的“嫁接”现象，既没有充分理解外国思想或理论的源起、方法论和理论基础，也没有深入研究我国的教学实际情况，就将思想或理论不加以批判和分析地运用。那么如何正确看待外国的经验、理论与思想呢？目前，教学论研究多元化趋势是毋庸置疑的。但是，如何在“百花齐放，百家争鸣”的环境下建立有中国特色的教学论体系？在教学论研究中，“我国许多年的研究总是跳不出‘非A即B’的思维怪圈，以至于今天突出什么‘关键点’，提倡什么教学法，就将以往的研究成果推翻”②。我们有大量的个人专业专著、学术技能丛书以及让我们明其所然却又不知其所以然的各式各样的译丛。我们陷入各类专业学术丛书的海洋中，却并没有如饥似渴。教学实践界的教师指责现有的教学论太空洞，缺乏指导价值，于是他们背离、拒斥教学论的指导，甚至直接走上“非理论教

① ［苏］沃罗约夫．教育学的研究方法问题［M］．诸惠芳译．北京：人民教育出版社，1988：358．

② 王凯，杨小微．反思我国教学研究中的简单思维［J］．课程·教材·教法，2005（12）：23-28．

学实践”之路。[①] 有人说教学论的研究似乎患上了“没感觉”的症状。[②] 还有学者言及中国教学论研究领域至今还没有出现一种系统的有影响力的能够指导实践的教学论。种种问题预示着现代教学论学科建设中存在的问题，教学论目前所处的境遇呼吁对教学论的重新梳理，对相关基本问题的重新厘定，对教学论学科地位的进一步明确。如果本研究能够在上述问题上给现代教学论发展一点启示或借鉴，甚至于只是做了一点基础性的工作，从而能够对教学论的学科发展有所助益，那么本研究就有存在和进行的必要和价值了。

我国教学论研究具有比较鲜明的体系意识，即教学论研究更加重视教学论的学科体系建设。在这种思想指导下的教学论研究意在基于教学现象而探讨教学的一般规律。有学者认为“体系意识”，是指在学科研究中，更多地关注概念、范畴本身的确定性，更多地关注概念与概念、范畴与范畴之间的逻辑关系，更多地关注学科体系的严谨、完整和包容性。[③] 当然，“体系意识”是重建、创立学科时不可或缺的基本思维方式。但是当这种“体系意识”导致教学论研究“为体系而体系”，把体系视为学科建设的全部目的，从而忽略了学科体系之外的世界，忽略了建设学科体系的最初动因和所要达到的最终目的时，这种意识就会成为一种经院习气，成为束缚学科本身不断更新和发展的力量，成为阻碍研究不断拓展和深入的消极因素。[④] 那么，教学论理论体系是否应以“问题解决”为目的，即建构范畴体系不是为学科体系而体系，为概念与概念、范畴与范畴之间的逻辑关系而关注学科体系的严谨、完整与包容性，而是为了实践问题的解决和指导教学实践。教学论理论体系的构建将把重点放在对教学实践中的问题解决上。在确立“问题取向”的基础上，

---

① 徐继存．“非理论教学实践”及其批判［J］．教育科学，1995（03）：37-39．

② 郭华．教学论研究患上了“没感觉”的症状［J］．教育科学研究，2004（07）：17-19．

③ 张斌贤．从“学科体系时代”到“问题取向时代”——试论我国教育科学研究发展的趋势［J］．教育科学，1997（01）：16-18．

④ 段俊霞．从传统教学论的式微看我国教学研究范式的发展趋势［J］．当代教育科学，2010（03）：26-28．

现代教学论将由学习、活动等“存在”范畴，教学目的任务和教学过程等本质范畴，教学模式和教学方法等实践范畴构成其开放性的理论体系。① 因此，我国现代教学论的构建，如何在形而上的理论构建与形而下的问题解决之间寻找适合自己的路，从而建设有中国本土特色的教学论，是时代赋予的一大课题。

2. 中国现代教学论学科发展过程中反思的需要

恩格斯指出：“历史思想家（历史在这里指一切属于社会而不仅仅属于自然界的领域的集合名词）在每一科学部门中搜有一定的材料，这些材料是以前的隔代人的思维中独立形成的，并且在这些时代相继的人们的头脑中经过了自己的独立的发展道路。”② 教学论作为人类精神生产的产物，具有理性的传统，并有自己相对独立的发展道路和特殊的发展规律。以往教学论的历史研究主要是对教学论的思想发展史进行梳理与研究。而教学论研究的历史，就其内容看，应该包括两个方面：一是对教学历史发展的过程中所留下的文字、遗迹、实物资料等进行的系统的整理与分析，可以称之为教学发展史；另一方面是对各个时期的教学思想或教学理论的运动所作的理论分析。前者是教学论的历史发展规律，而后者却探讨教学论的学科理性的发展规律。对于前者的研究资料比较丰富与翔实，而对于后者的梳理与考察则还需要进一步深入。这样的研究有重要的价值与意义：通过历史的考察去探寻教学论学科本身的独特发展规律与道路，有利于明确教学论的基本问题，澄清相关概念，并且进一步认识教学论学科以及具体现实教学问题的历史成因与形成过程。另外，对于目前的教学论研究来说，对教学论学科发展规律的考察能够提供必要的观点或方法上的借鉴。古语说“前车之鉴，后事之师”，历史是一

① 蔡宝来. 出路与展望：现代教学论的未来发展 [J]. 西北师大学报（社会科学版），2002（02）：52-56.

② 中共中央马克思恩格斯列宁斯大林著作编译局编. 马克思恩格斯选集（第4卷）[M]. 北京：人民出版社，1972：501.

面镜子，可以通过教学论以往的发展，映射现实的问题，不仅能够加深对历史问题的认识，也能够找到解决现实问题的借鉴之路。

3. 研究者自身的兴趣与困惑

求学期间，笔者在第一学年的“教学论”以及“课程与教学论研究方法”这两门课中接触了一些关于方法论的论述，其中对于教学研究方法论作了专门的文献综述。在学习的过程中，不仅对方法论有了进一步的认识，也对教学论研究中方法论的现状有深入的思考与自己的理解。虽然只是肤浅的理解与认识，但正是在不断的澄清和困惑中产生了对方法论的兴趣。方法论是争议颇多的概念，在自然科学学科与人文社会学科中对方法论的理解还存在着较大的差别。而我国教学论研究中关于方法论的探讨与研究的专著或文献较少，也进一步说明了方法论的难以把握与教学论研究中一定程度上的缺失。同时，在学习过程中通过与师长、同学的探讨和交流发现，教学论研究领域中存在着方法论意识淡薄的情况。因此本研究不仅能够进一步扎实研究者的学术基础，澄清认识、为研究者本人解惑，还能够引起教学论研究领域中对方法论的重视。

由于自身的学习经历，笔者常常会产生这样的疑问：长期学习教学理论，缺乏教学实践，也缺失对教学实践的认识与理解，那么所做的理论研究是否有意义？是否能够真正指导实践？教学论的理论阐述及理性分析是否具有普遍指导意义？国外的教学论研究以“问题”为中心，解决的是实践中一个个具体的问题，我国的教学论研究如何借鉴？而我国的教学论学科具有“体系意识”，着眼于一般规律，强调学术理性，这二者孰优孰劣？对问题的困惑使我进一步思考中国教学论学科的建设与发展问题。如何通过对教学论的回顾、梳理、总结与提升，特别是从方法论角度理解它们的构建过程，进而掌握它们的核心观点，为研究者解惑，丰富中国教学论的研究，以便更好地促进现代教学论的构建与发展？对这些问题的追问与反思促使笔者展开相关问题的探索与研究。

（二）基本概念界定

1. 教学论

教学论似乎是不言自明的，称之为概念也并不准确。一些研究常常混淆教学论与教学理论，二者确有联系并密不可分，但实质上是相区别的。教学论常常与流派、思想相联系使用，含义使用有泛化倾向。因此，这里仍需要对其进行阐释，以进一步明确本研究的研究对象，保证研究的科学性与逻辑的严密性。

有学者认为教学论是研究教学一般规律的科学，是教育学的一个分支。它是以教育学基本理论为基础，对中外教学理论的遗产、现实的教学实践经验以及各科教学法的成果进行理论上的分析、概括、总结。① 有学者认为教学论有时与教学理论同义，是关于教学的一般原理。② 还有学者认为教学论就是专门研究关于教学各方面问题的。③ “所谓教学论，是关于种种教学现象及其规律的学科。也就是说，教学论主要研究各种各样的教学现象并揭示隐藏在各种教学现象背后的规律。”④ 这些对教学论的认识反映了研究的不断深入与细化。教学论是一门学科，是一门学科就会有自己独特的研究对象、理论基础、话语体系、逻辑范畴，这是教学论作为学科的立足点与基础；教学论是具有学术理性的，意味着教学论中关于教学的认识是科学方法指导下的取得科学认识的过程，是经得起逻辑验证与实践检验的科学理论，这是教学论学科的本性；教学论是动态的，说明其不是静止的，是有教学论的历史、教学论的当下存在与未来的，而其动态的发展取决于教学论的对象——教学活动

---

① 吴杰. 教学论——教学理论的历史发展［M］. 长春：吉林教育出版社，1986：1.
② 王策三. 教学论稿［M］. 北京：人民教育出版社，1985：1.
③ 李秉德主编. 教学论［M］. 北京：人民教育出版社，1991：6.
④ 李森. 现代教学论纲要［M］. 北京：人民教育出版社，2005：6.

的存在与发展，这是教学论保持活力与生命的根本。本研究正是基于上述对教学论的理解，从而展开从方法论的角度考察教学论学科发展的研究。

2. 方法论

方法论是一个争议颇多的概念。对于方法论，学者从不同的角度与逻辑归属都给予方法论不同的界定。一般认为，方法论是认识世界和改造世界的方法的学说或理论。方法论是以方法为研究对象，探讨方法的形成、变化和发展的规律，研究方法的特点、性质和功能，研究运用方法的原则和方式等具体内容。① 方法论与世界观是一致的，有什么样的世界观就有什么样的方法论。如用形而上学的世界观去指导认识世界和改造世界就是形而上学的方法论。这种关于方法论的常识性认识是基于方法论的哲学定位，或可称之为哲学方法论。还有学者认为方法论就是关于方法的理论或学说，也即关于科学认识活动的体系、形式和方法的原理的学说。② 这种认识将方法论归于科学研究的范畴内，是隶属于教育科学学科内的，我们可以称之为学科方法论或科学方法论。还有关于方法论的一般认识：即认为方法论是“关于方法的理论”。而根据《韦伯斯特百科词典》上的解释，方法论有时指的是“任一专门学科中所使用的方法的体系”，有时它是指“研究方法或有序程序的科学，特别是有关科学与哲学探究中推理原则应用的学科分支”，后者的解释更为经常性地使用。前者“方法的体系”的含义更接近于方法，或者是关于方法的理论；而后者“方法的科学”更倾向于将方法论视为关于“学科分支”的推理原则的研究。由此，我们可以看出，方法论本身具有层次性的概念。根据方法论的不同层次，方法论有哲学方法论、一般科学方法论、具体科学方法论之分。关于认识世界、改造世界、探索实现主观世界与客观世界相一致的最一般的方法理论是哲学方法论；研究各门具体学科，带有一定普遍意义，适

---

① 详细可参见于丁春. 哲学方法论［M］. 北京：北京出版社，1990：11；《人民社会百科全书之一——新哲学社会学解释辞典》. 辞书编译社，1949：62.

② 靳玉乐，李森等. 中国新时期教学论的进展［M］. 重庆：重庆出版社，2001：59.

用于许多有关领域的方法理论是一般科学方法论；研究某一具体学科，涉及某一具体领域的方法理论是具体科学方法论。三者之间的关系是互相依存、互相影响、互相补充的对立统一关系。从整体而言，哲学方法论在一定意义上具有决定性作用，它是各门科学方法论的概括和总结，是最一般的方法论，对一般科学方法论、具体科学方法论有着指导意义。有学者认为，在科学研究中方法论研究作为对于“实质的”科学理论所作的“形式”的或“逻辑”的探索，必须以“实质的”科学理论作为自己的研究对象。就本研究而言，教学论发展的方法论研究即是以“实质的”教学论所作的“逻辑”探究，是以教学论的历史过程为研究对象的。但是，另一方面，所有以科学为名的学科，无一例外地都不能不关注如何获得研究结论的问题（发现的程序问题）与这一结论何以为真的问题（验证的逻辑问题），即方法论的问题。[①] 方法论探索的成果在这种关注之下表现为科学理论所必须满足的“形式”或“逻辑”的标准规范或前提预设。在此意义上说，方法论研究又在理论推理的逻辑上先于“实质”的科学理论。上述这种似乎自相矛盾的状况，实际上向我们提示着真正合理的科学研究进程是如何进行的。

对于方法论的认识存在的不同与争议，有必要在此明确笔者的观点以作为后续研究的基点。鉴于方法论的深奥晦涩，笔者无法通过“方法论是什么”这样的定义方式对方法论予以界说，但是可以通过“方法论不是什么”对其加以辨析以明确研究立场。首先，方法论不是方法，但与方法密切相关。许多研究中，研究者常常将方法论与方法混淆，究其原因在于二者的关系密切。对于具体方法的选择、运用及演化能够直接反映方法论的变化；而探究方法的选择及演化倾向的原因则要在方法论这个源头上寻其“根”。其次，方法论不是哲学学科，但隶属于哲学范畴。方法论不应该仅是关于方法的理论，对于方法的理论基础、前提、原则等相关内容的认识属于技术层面，这样的界定无疑是一种浅层的理解。方法论具有丰富的哲学内涵，它探讨问题与方法

---

① 覃方明. 社会学方法论新探（上）——科学哲学与语言哲学的理论视角［J］. 社会学研究，1998（02）：37-46.

之间的关系，也要反思批判方法，这其中不仅涉及对方法本身的认识，还关涉价值的判断与选择。根据上述理解，本研究的方法论视角是指对教学论学科进行的“形式”探究，这种“形式的探究”的具体内容包括教学论学科是什么，如何理解教学论学科，如何把握教学论学科。据此理解的方法论，本研究将其定位在哲学方法论的层次。在本研究中，将哲学方法论作为探索教学论发展的主要维度，只有在教学论发展的近代进程中，会略有提及科学方法论的作用。

（三）研究综述

通过对英文文献的搜索，就研究者所掌握的文献来看，尚未找到对教学论学科的研究。在用“teaching theory”或“the theory of teaching/instruction”为关键词搜索时，相关文献并不少见。但是通过简单的筛选与分析，发现“teaching theory”或“the theory of teaching/instruction”一般与具体的教学问题相联系，针对具体的教学问题进行问题解决式的理论研究。另外，在与“methodology”一词有关的教学研究文献检索中发现，方法论一般与方法同义。这增加了本研究对国外相关研究进行概览的难度。如在“Course Design in Sport Management Education：Addressing Students’Perspectives through Conjoint Methodology”一文中，“methodology”在研究中体现其含义为方法。关于现代教学论的专著有斯卡特金的《现代教学论问题》，书中将教育教学中矛盾突出的问题列出，但正如他书中所说：“仅对一些社会人士广泛关注的最迫切问题进行探讨”，具体研究了社会发展的趋势与教育的职能、教学过程的发展等等，并针对这些具体问题展开教学论问题的研究。另一方面，基于本研究的目的在于探讨中国现代教学论的发展及其可能的生长点，因此，对于国外教学论的相关研究不作详尽阐述也是允许的。

1. 对中国教学论发展的总结性研究

关于教学论的总结性研究一般冠以“二十年”“三十年”“新时期”等词

汇。因为当代中国教学论的真正发展确切地说是改革开放以来的事情，对于三十年的中国教学论发展情况，许多学者基于教学论发展的现状、存在的问题，都探讨了教学论学科进一步发展的方向。如 2010 年《近二十年来我国教学论研究的历程及趋势》一文，用文献计量方法，对 1990—2008 年在《课程·教材·教法》上刊发的教学论领域的论文，分别从论文刊发量、作者类型、研究内容、研究方法、引文特点等维度进行梳理和分析，从中分析近二十年来我国教学论的研究重点和发展状况，提出要扩展研究群体、深化教学改革以及研究方法多元化的趋势与期待。2009 年是改革开放三十年，关于教学论总结性的文章较多，比较有代表性的有：李森与张东的《教学论研究三十年：实然之境与应然之策》，文章理性地分析了三十年教学论研究的成就与存在问题，指出目前教学论研究存在“研究范型尚未达成共识”“范畴边界尚未明确”“学科特有话语体系不明显”等问题，在此基础上提出了教学论的发展趋势与应然之策；王鉴与安富海的《教学论学科建设三十年》系统地分析了近年来关于教学论的研究对象、学科性质、方法论、学科体系建设、与教学实践的关系等方面的研究情况，其中对于方法论与学科体系建设的情况作了总结；徐继存的《发展中的中国教学论：问题与思考》一文从问题入手，对学科的分化与研究方法的多样化提出了与众不同的观点，从思维方式与价值取向出发提出教学论不仅是一种哲学、思辨式的理论体系，更应该是教学论研究者的生活体验。

教学论史的研究也属于对教学论的总结性研究。关于中国教学论史的研究主要的专著有董远骞的《中国教学论史》，全书共十六章，分上、下两篇。上篇集中介绍了中国古代教学论的发展，近代引进赫尔巴特及杜威的教学思想，以及学习借鉴苏联的教学论的道路。下篇则针对教学论中的基本问题如教学规律、教学原则等问题进行了史学的发展研究。其中第一章“绪论”中提及建设有中国特色的教学论需要中国教学论史；第五章“教学论研究的方法论重新认识”一节则具体说明了对形而上学的再认识、古今中外法的运用以及系统论作为方法论的引进。张传燧的《中国教学论史纲》全书共十二章，在对中国教学论的发展作出时期划分之后，论述了中国教学论史的理论基础，与传统文化的关系；在此基础上探讨了教学论史的基本范畴、教学目的、教学原则等一些教学论基本问题在中国历史上的发展与演变。李定仁、徐继存的《教学论研究二十年》一书是对中国当代教学论——具体是指 1979—1999 年这二十年的教学论——发展情况的梳理与总结，书中对教学本质、教学主客体关系、教学原则等一系列问题进行了概括。《中国教学论史》《中国教学论史纲》与本研究时间衔接、内容整合，对本研究提供了重要的资料与思想指导。对于教学论历史的研究是十分必要的，这也是本研究的重点之一，只有基于教学论史的研究才能够真正地了解教学论的发展。了解历史能够使我们站得高一点，看得远一点。

对于教学论学科发展的总结性的研究，给本研究提供了丰富的资源；许多文章以不同的视角或思路都给予本研究新的启迪；而相关研究的不同声音或结论都促使研究者进一步思考教学论的发展与建设问题。

2. 传统教学论与现代教学论的研究

关于传统教学论与现代教学论的研究，有的学者发表了一系列的研究论文。主要的代表人物如蔡宝来，他从“传统教学论的产生与发展出路”，研究至“现代教学论的产生、发展及建构”，并进一步对“现代教学论的范畴与体系”等一系列问题进行探讨，[①] 提出“现代教学论理论体系将以‘问题解决’为目的，即建构范畴体系不是为学科体系而体系，为概念与概念、范畴与范畴之间的逻辑关系而关注学科体系的严谨、完整与包容性。现代教学论范畴体系将把重点放在对教学实践中的问题解决上，在确立‘问题取向’的基础上，现代教学论将由学习、活动等‘存在’范畴、教学目的任务和教学过程

① 详细可参见蔡宝来相关论文：试论教学论研究的思维规范 [J]. 教育研究，1997 (04)：45-49；传统教学论的产生及发展历程 [J]. 教育研究，2000 (06)：60-65；现代教学论的产生、发展及构建 [J]. 现代教育论丛，2001 (03)：20-24；现代教学论学科发展：研究规范与生长点 [J]. 教育理论与实践，2002 (03)：35-40；教学论的困境与出路 [J]. 教育研究，2002 (06)：54-59.

等本质范畴、教学模式和教学方法等实践范畴构成其开放性的理论体系”①。对于传统教学论的讨论还引起了有关学者的热议与研讨。其中张传燧以《中国教学论发展的世纪回顾与前瞻——兼与蔡宝来先生商榷》为题就“什么是传统教学论”展开讨论，认为传统教学论的确是在东西方两条线索展开，具有不同的源头和相对独立的发展道路。《学记》和《雄辩术原理》应分别看作是中国和西方传统教学论形成的标志。以此为基础，出现了对中国传统教学论进行文化学、伦理学、社会学分析的学位论文。

关于现代教学论的研究较多，仅专著就达二十部之多。如较早的钟启泉的《现代教学论发展》(1988 年)、胡学增等编著的《现代教学论讲座》(1993 年)、徐继存等编著的《现代教学论基础》(2003 年)、黄甫全、王本陆的《现代教学论学程》(2003 年)、李森的《现代教学论纲要》(2005 年) 等。其中比较具有代表性的如裴娣娜主编的《现代教学论》三卷本，从基础理论、专题研究和改革实验三个方面对现代教学论进行了系统的解析与阐述。当然，关于传统教学论与现代教学论的研究还有很多，只能仅就一些比较具有代表性的研究予以列出及论述。

对于传统与现代，当然不能仅仅从时间上的划分来作区分，现代教学论的“现代”一词相对“传统”而言具有不同的教学论的时代特征和内容。对教学论的历史需要以“现代”去理解与剖析，对教学论的现存应该以“现代”予以明确，对现代教学论的构建更要以长远的战略眼光和现代视域去审视。对于传统教学论的研究使得本研究更能够进一步明确相关的概念，澄清认识；同时对于中国传统教育中的教学论思想的研究给本研究提供了丰富的文献资料与思想；而关于现代教学论的概念、范畴、体系等的研究都是本研究会涉及的问题，直接给本研究提供了研究的基础与思想的启迪。

---

① 蔡宝来. 出路与展望：现代教学论的未来发展 [J]. 西北师大学报（社会科学版），2002 (02)：52-56.

3. 有关教学论研究的方法论问题

有关教学论研究的方法论，目前尚未发现专门的研究文献，我们只能从一些相关研究中寻找蛛丝马迹。对于方法论层面的研究，可以分为四种情况：第一种是对教学论研究取向的研究，第二种是对教学论研究范式的研究，第三种是对教学论研究思维方式的研究，第四种是元教学论研究。

教学论研究取向的判断能够直接反映研究者的立场、价值取向以及对教学论的基本认识。那么不同的取向也会反映研究者基于其立场、价值取向以及对教学论的基本认识而采取不同的研究方法，进行不同的教学论的逻辑推理。目前我国对教学论取向的研究一般首先明确当前教学论研究存在的问题，进而进一步分析解决问题的关键在于教学论研究取向的转换。如张建鲲、庞学光的《当代教学论的“教学生活研究”趋向》一文认为教学生活正逐步成为教学论的独立研究对象，从教学作为非日常生活的客观实在性和课堂教学具有的“生活时空”等方面分析了该趋向的现实性、可能性、可行性和价值性。罗儒国的《论教学论研究的生存论转向》则认为教学论的生存转向是指以教学生活世界中教师和学生的生存问题为主要研究对象，以及由此所引起的教学论研究范式的转换，并认为这种转换为教学论研究提供了新的研究视角，开辟了新的问题域，具有重要的理论价值和实践意义。叶澜的《让课堂焕发出生命活力》一文影响较大，也说明了教学论目前无论是理论界还是实践中都存在着转换与取向选择的问题。

对于教学论研究范式的研究更多地集中在范式的转换方面，即由目前的某种范式走向另一种范式。胡定荣的《论教学论发展的危机与范式转型》一文直接指出教学论的发展标志在于范式的嬗变，基于此分析了我国教学论发展的四个时期，认为我国教学论目前正处于危机阶段，摆脱危机的方式在于实现研究范式的转型，从目的-手段范式转向人文研究范式。纪德奎等人的《教学论研究范式的转向：从“文本式”到“田野式”》一文也直指目前的“文本式”使得教学论研究陷入困难境地，而“田野式”研究范式是具有极强的生命力的，提出教学论研究者应该通过变革观念，明确主题，充分利用新课程改革的契机和现代信息技术，逐步从“文本式”教学论研究者转化为“田野式”教学实践研究者。相关文献难以一一探讨，但是都说明了在一定程度上我们的教学论研究遭遇到了瓶颈，因此学者寻找范式转型来期待突破目前的状况。这进一步说明了重新梳理教学论相关问题的必要性与迫切性。

“‘二元对立思维方式的悖谬’‘学科中心’抑或‘问题解决’的困惑、科学抑或人文的两难境地、教学理论‘翻新’与课堂问题‘依旧’的尴尬，是我国教学论研究范式转型的时代境遇。”① 有学者从思维方式的角度指出目前教学论面临的困难境遇。李松林也在其《论回归生活世界的教学论变革》一文中指出，教学论回归生活世界，意味着教学论要从根本上变革自身的思维方式，即从传统的主客二元论思维方式转向主体间关系思维方式。而赵秀文、陆明玉、杜莹分别于 2008 年、2009 年、2010 年做了教学论思维方式的学位论文，对教学论的思维方式进行了较为全面的、系统的考察，为教学论研究提供了新的思考。思维方式在教学论研究中起着至关重要的作用，直接影响着教学论研究的视角、过程及结果。研究的思维方式的变化使得教学论在理论视野、研究主题、知识基础、研究方法和理论形态等方面都会有所不同。教学论研究思维方式的转换或许能为教学论摆脱目前所处的尴尬境地提供一些帮助。

关于元教学论的研究曾经是教学论领域中的研究热点，虽然现在少有人提及“元教学论”这样的说辞，但实质上研究者不过是换了说法，对教学论本身的研究仍然是教学论的重要问题域。因此，对以往有关元教学论的研究作一简单整理与分析，仍然能够对本研究有所助益。蒋菲的《20 世纪 90 年代我国元教学论研究的背景及其进程》及其学位论文《试论我国 20 世纪 90 年代元教学论研究的成就、问题、价值》对元教学论的研究作了较为系统的整理与分析。文章认为元理论研究体现了整个学术领域“自我意识”的萌动，

---

① 蔡宝来. 我国教学论研究范式转型的时代境遇与逻辑路向 [J]. 教育研究，2010，31 (08)：74-80.

当某一学科在尝试建立元理论时，它就是在反省、思索；另外，元理论是一种超越的视界，“超越”意味着更高一个层次的研究，即元理论以语言形态的理论为对象，还意味着对整个学科理论作整体的反思。本研究从某种程度上是对教学论发展进程的梳理，梳理中伴随着反思。这种研究与元理论研究有相似之处，后者给本研究提供了借鉴与指导。

王嘉毅的《教学研究方法论》专门就教学研究的方法论问题进行全面、系统、深入的论述，提出从原理、方法和技术三个方面来从事教学研究的同时，又把教学研究的评价也纳入到教学研究方法论的范围之内。这对于建立独特的教学论方法论体系，促进教学论学科的发展和丰富教学理论，都是有着重要的积极意义的。另外，其他专著中也散见对教学论研究方法论的论述。如靳玉乐与李森的《中国新时期教学论的进展》中有专门章节论述教学研究方法论，并根据时间分析不同历史时期的教学研究的方法论特征。徐继存的《教学论导论》以教学过程的主客体关系和教学交往研究为例对教学论之方法论进行了考察，在其《教学理论反思与建设》一书中对教学理论的建设从方法论层面进行论述，提出了教学理论建设的基本原则。

4. 有关教学论基本问题的研究

对教学论基本问题的研究包括如下内容：教学论的理论基础、教学论的性质、教学论的本性、教学论的基本矛盾或范畴等等。对于教学论的理论基础问题研究较多，许多文章在谈到教学论的现状与趋势时都不可避免地提及，但是比较具有代表性的是迟艳杰的《教学论的基础》一文。文章从教学论的哲学基础谈起，认为教学论在加强马克思主义认识论的同时，应该加宽基础，把实践唯物主义与认识论有机结合起来，共同作为教学论的哲学基础，从而扩展教学论研究的问题域，并增强其整合的能力。随后郭华在《当前教学论的焦点论题研究——与迟艳杰同志商榷》一文中对上述观点提出质疑，提出马克思主义认识论在教学论领域的具体化——教学认识论——是教学论研究的理论基础，并认为扩展教学论研究的问题域是从根本上明确认识教学活动。

徐继存自20世纪90年代至21世纪初发表了一系列的论文对教学论的观念、体系的范畴建设、逻辑表述等教学论基本问题进行研究，① 2010年发表的《教学论的本性与追求》与《教学论学科的二重性及其规约》两文，对教学论的基本问题进行了学理性分析与深入探讨。《现代教学论学科建设问题探讨》是在李秉德与李定仁两位先生的带领下，西北师范大学教学论博士学术论坛上的研讨成果，文中的许多观点和问题能够引发我们的思考与探究。文中对教学论的学科性质、现代教学论的生长点、急需解决的问题、亟待澄清的概念等一系列基本问题进行了说明。

上述问题是教学论的基本问题，澄清基本问题，才能确立教学论的学科地位、体系建设等一系列问题。这些研究说明了随着时代的发展，对教学论的一些基本问题的认识需要重新厘定；明确了目前教学论基本问题的研究确实存在着这样或那样的问题。这些都进一步佐证了本研究的必要性。

5. 有关教学论发展趋势的研究

对教学论学科发展趋势的研究一般冠以“回顾与展望”“问题与走向”“进展与前瞻”等词汇，突出将教学论发展趋势这一问题作为研究重点。这一部分将以不同时期的主要代表论文予以说明，期待在说明的过程中发现不同阶段教学论学科发展趋势的不同特点。1999年蔡宝来发表《我国教学论研究的进展与前瞻》一文，文章在回顾20世纪十年内的教学论发展状况的基础上，提出教学论的研究力量逐步加强，研究领域不断拓宽，理论探索日渐深化的观点；认为主体教育思想、素质教育，教学与智能、创造性、个性发展的关系，以学为主体的学习方法等问题将成为教学论研究的热点。2001年，

---

① 详细可参见徐继存：教学论研究中的两种偏向评析［J］. 教育研究与实验，1994（03）：59-60；试论教学论体系的范畴建设［J］. 教育科学，1994（02）：6-8；论教学论体系的逻辑表述［J］. 宁夏大学学报（社会科学版），1997（02）：106-109；教学论观念辨析［J］. 西北师大学报（社会科学版），1999（01）：33－38＋106；教学论的哲学人类学分析［J］. 宁夏大学学报（人文社会科学版），2000（01）：116－119＋122；教学论阐释与理解［J］. 宁夏大学学报（人文社会科学版），2001（01）：12－17＋127.

李定仁、徐继存的《教学论学科建设问题的回顾与展望》一文在总结以往研究进展情况的基础上，提出我国的教学论研究应该坚持马克思主义哲学对教学论研究的指导；整合教学论研究成果，改变散漫无序状态；进一步明确我国教学论建设的方向；明确要建立根植于我国现实土壤、具有我国文化色彩的教学论。2007 年，罗儒国的《世纪初我国教学论学科发展的问题与走向》一文提出我国的教学论存在着基本概念模糊不清、研究对象尚不明确、教学论研究有功利化倾向等问题，提出教学论学科发展应“学科体系”建设和“问题研究”并举，分项研究和整合研究并重，积极探索对话合作机制，构建研究共同体，加强教学论学科制度建设，注重教学论研究者知识分子精神的自我形塑等。

关于教学论基本问题的研究专著较多，具体有徐继存的《课程与教学论问题的时代澄明》《教学论导论》，黄甫全、王本陆的《现代教学论学程（修订版）》，吴杰的《教学论——教学理论的历史发展》，张武升的《教学论问题争鸣研究》，杨启亮的《困惑与抉择——20 世纪的新教学论》等等。这些研究都是对于教学论的一些基本问题进行研究，其中如杨启亮的《困惑与抉择——20 世纪的新教学论》一书以“困惑”与“抉择”为关键词贯穿全书，论述了教学论一路发展中所面临的困惑与在时代条件下的抉择。靳玉乐与李森的《中国新时期教学论的进展》一书中，第二章在反思传统教学论的基础上，系统地总结了构建现代教学论的比较有代表性的观点以及研究成果，在透视教学论的逻辑框架、考察教学论的逻辑起点、分析教学论的体系建设尝试的基础上，阐明了教学论体系构建的若干思路。

对于教学论学科的回顾是必要的，这使得我们明了教学论存在的问题；展望是迫切的，因为我们的教学论研究需要方向的指引。而上述的研究说明了教学论研究群体对目前教学论研究中存在的问题越来越清晰、明确，教学论的学科“自觉化”越来越明晰，学科的共同体意识愈来愈强。

通过上述对论文及专著的简要梳理与说明，可以看出，中国教学论自改革开放后的三十年取得了许多的成就。对教学论的认识不断深入，对教学实践的持续关注都使得今天的教学论的发展具有生命力。但是如果要突破目前教学论所处的境遇，寻求教学论的新的生长点就必须做一些基础性的工作。以往的研究为我们提供了必要的基础，但也为我们留下了思考的空间。对教学论学科的反思与建设为我们提供了大量丰富的资料和基础，然而缺乏对教学论学科发展的系统梳理与分析，基于从方法论层面对教学论考察与梳理的空白，本研究从方法论的角度对教学论进行历史的梳理和考察，对现代教学论的发展、构建问题进行探究，希望对现代教学论的学科发展有所助益。也许这样的任务任何个人都难以圆满完成。然而，探索总要进行，尽管不可能一蹴而就；工作总要展开，尽管只是浅而又浅的尝试。

一、教学论考辩

教学活动是人类特有的社会活动，自原始社会起，就有了人类的教学活动。在漫长的历史发展进程中，教学活动随着社会的演进而改变，随着社会实践的发展而发展。尽管无法从严格意义上判断教学论产生于哪一天，但是，可以明确的是教学论是对教学实践的反思，是随着教学实践的发展而发展的。换句话说，教学实践推动着教学论的形成与发展，教学论的发展是人类对教学实践活动的认识不断深化和不断完善的过程。从广泛的意义上讲，教学思想最初散见于教育家的论著中，是对教学经验的总结，可以将其称为教学论发展的经验阶段。17 世纪德国教育家拉特克（Ratke，Wolfang 1571—1635）和捷克教育家夸美纽斯（Comenius，Johann，Amos 1592—1670）提出了“教学论”这个术语。而夸美纽斯的《大教学论》标志着教学论作为一门独立的学科诞生了。自此，教学论的发展从经验性描述转向了教学论学科的体系建构，教学论的发展步入了科学化的进程。

近代以来，在翻译西方教育名词的过程中，对于“教学论”，汉语使用过的同义词有很多，如“教学法”“讲授学”“教学原理”“普通教学法”等。因此，本研究声明是研究“教学论”的，就必须对自己的研究对象作出清晰的界定。基于教学论的发展历程，本研究从中外对教学论的不同认识着手，明确作为学科的教学论和作为科学的教学论的不同特点，以便为下一步的研究奠定扎实的基础。

（一）教学论

教学论，或教学理论，英语为 Didactics（又称 Theory of instruction），俄语为 Пидактика；均来源于希腊文 δυδãτυcο 即“我教”的意思。[①] 1939 年商务印书馆出版的夸美纽斯的《大教学论》中译本，书名就曾被译为“大讲授学”，1957 年人民教育出版社修订再版时才改为今天的名字。[②] 因此，教学论的使用有混淆的现象，有时教学论指向的是教学的具体方法，有时是指教学的一般原理。而在西方教学论的发展历程中，教学论含义的衍变与中国教学论含义的发展略有不同。

1. 中西方对教学论的不同认知

(1) 西方对教学论的认知

本研究从《大教学论》这一标志着教学论学科诞生的著作开始探讨西方对教学论的认知。正如作者在《大教学论》开篇所写的，“本书主要阐明把一切事物教给一切人类的全部艺术”。由此可见，夸美纽斯认为教学论是探究教学的一门艺术。可以说，夸美纽斯的《大教学论》是文艺复兴以来集教学论学说之大成的先驱性著作。其关于教学论的论述对后世关于教学论的发展、研究与认识有重要的影响。18、19 世纪是西方社会发生巨大变化的时期，社会的经济、政治和意识形态的深刻变化和科学技术的迅猛发展，都对教育、教学论的发展产生影响。这一时期，继夸美纽斯之后的教学论逐步开始探索教育教学的内在规律，以及学生的身心发展规律，重视受教育者在教学过程中的能动性等。由此，教学论的主要任务是探讨教学法。主要的代表人物是

---

① ［苏］凯洛夫．教育学［M］．沈颖，南致善等译．北京：人民教育出版社，1953：53.

② ［捷克］夸美纽斯．大教学论［M］．傅任敢译．北京：人民教育出版社，1957：出版说明.

瑞士教育家裴斯泰洛齐（Johann Heinrich Pestalozzi，1746—1827），他在其要素教育论的基础上，研究了小学各科教学法，试图建立一个以心理学规律为基础的可行的教学法体系。但是从理论上对教学论作出系统研究，并对教学思想和教学实践产生重要影响的是德国教育学家赫尔巴特（Johann Friedrich Herbart，1776—1841）和威尔曼（O. Willmann，1839—1920）。赫尔巴特主张在心理学的基础上建立教育方法论，并系统研究了心理学基础上的教学目的、教学阶段以及教学方法。赫尔巴特的教学论贡献就在于其《教育学讲授提纲》阐述了以教学论为支柱的教育学理论体系。① 在赫尔巴特那里，教学论是建立在心理学——学生心理阶段基础上的探究教学法的理论。尽管他本人未必意识到，但实质上他已经扬弃了原有的关于教学论是教学法的基本理念，而转向探讨教学的基本客观规律。威尔曼的《作为教养学的教学论》全面探讨了智力活动的教育——教养的整个领域，包括教养的历史、教养的理论、教养的组织。这样，威尔曼开始扩充了教学论的概念，把教学论视为同教育学并驾齐驱的教育科学的最重要的一个分支。② 由此，教学论的内涵发生了质的变化。斯宾塞（Herbert Spencer，1820—1903）关于“什么知识最有价值”的追问从功利主义的角度出发，将课程纳入教学体系内，突破了教学论原有的内涵，扩展了其内涵，自此，关于课程的探讨明确地成为教学论的内容。

进入 20 世纪，美国教育家杜威（J. Dewey，1859—1952）的实用主义教学理论崛起。杜威批判赫尔巴特的教学论，认为其教学论是演绎性的，演绎性的教学论忽略了儿童在教学过程中的自我活动。杜威提出的以儿童经验和心理顺序组建教材的课程观与课程设计，以及从学生思维角度出发而建构的“从做中学”的教学过程观，共同成为其教学论思想的主要内容。与此同时，与杜威教学论思想有所区别的是以十月社会主义革命之后的苏联为中心，包

---

① 杨启亮．困惑与抉择——20 世纪的新教学论［M］．济南：山东教育出版社，1995：29.

② 钟启泉．现代教学论发展［M］．北京：教育科学出版社，1988：编译前言.

括东欧各国在内的教育学者对教学论的新发展。他们继承并发展了赫尔巴特的教学论思想。主要代表人物如波兰教育学家奥根（Wincenty Okon，1914—?），他认为“教学论不是凭思辨，而是凭先进教师的经验概括，以及观察和实验，来揭示一系列的规律性的”①。对于赫尔巴特思想的继承与发展成为 20 世纪初影响学校教学的主要思想，可以将其称为赫尔巴特学派，即以知识的授受为中心，以教师的权威控制教学，根据从直观到思维，再从思维到实践的这一认识论的基本阶段构建教学过程的理论。

从 20 世纪 50 年代起，教学论迈入了新的发展阶段。苏联教育家赞科夫（Занков Леонид Владимирович，1901—1977）的发展性教学理论、德国教育家瓦根舍因（Martin Wagenschein，1896—1988）的范例教学理论以及美国布鲁纳（Jerome Seymour Bruner，1915—2016）的结构主义教学理论成为当代教学论的三大流派。至此，关于教学论的学术体系与研究范围仍众说纷纭，但是，作为教学论的主要内容，无外乎包括教学过程以及本质、教学内容——即课程、教学方式与方法。美国教育学家施瓦布（Joseph J. schwab，1909—1988）的探究学习理论、美国认知心理教育学家奥苏贝尔（David P. Ausubel，1918—2008）的学习策略理论、美国教育家布卢姆（Benjamin S. Bloom，1913—1999）的掌握学习理论也是 20 世纪后期有重要影响的教学论思想。他们都力图从促进学生的学和提高学生的思维能力着手，着眼于学生的学习方法的建构，并且认为这是符合现代科学技术发展，具有现代特征的教学论。对于教学论的认识，通过对教学论学科发展的历史进程的简单描述，可以发现：第一，教学论的含义比较宽泛，既可以包括个人的教学思想、某种教学流派，也可以指代研究教学一般规律的学科；第二，教学论的发展开始与现代科学技术的进展结合起来，即与心理学、测量学、哲学等学科相联系阐述关于教学的思想；第三，教学论的构建与发展由“重教”到“重学”，再发展至二者的冲突与融合，都从不同的角度拓展了教学论的范畴。

---

① 钟启泉. 现代教学论发展［M］. 北京：教育科学出版社. 1988：编译前言.

(2) 中国关于教学论的认知

中国教学思想的发展历史中，教学思想、教学理论的相关论述主要存于教育家、教育学家个人的关于教育思想的表述中，因此，可以将其称为教学思想，但很难从中去分析他们对教学论的认识。从严格意义上讲，中国对于教学论的认识开始于近代。近代中国国门被迫打开，国外的教学思想、教学理论传入中国，中国始有“教学论”。鸦片战争之后，面对中国的实际情况，以洋务派、资产阶级改良派为代表的思想进步人士在保存传统文化的前提下，试图效法西方、学习西方的思想与改革经验，以其之长补己之短；在教育教学领域，照搬了西方一些教育、教学制度和教学内容。杜威的实用主义教学思想在中国广泛传播，美国进步主义教育家克伯屈（William Heard Kilpatrick，1871—1965）的设计教学法、柏克赫斯特（Helen Parkhurst，1887—1973）的道尔顿制、美国教育家华虚朋（Carleton Wolsey Washburne，1889—1968）的文纳特卡制进一步推动了实用主义教学思想的推广与实践。同时期，我国出现了教育、教学实验的高潮。如晏阳初的定县实验、梁漱溟的乡村建设实验、陶行知的乡村教育实验以及陈鹤琴的活教育实验等等。20世纪初西方的实验心理学和教育测量传入中国，我国开始了微观的教学实验。1920年，著名教育家廖世承参与创建了我国最早的心理学实验室之一，并且与陈鹤琴一起进行了教学的测验研究。1922年，美国教育测量专家麦柯尔（W. A. McCall）来华指导编制心理与教育测量，训练测量人才并指导学校进行实验。这一时期的中国教学论是处于混沌的萌芽时期，主要是受西方教学论的影响，无论是教育实践者或是教育思想家对教学论都缺乏明确而系统的认识。

新中国成立之后，中国教学论的发展进入了另一个阶段。这一阶段的主要特点是全面否定西方资本主义的教学思想，开始系统学习苏联的教育理论与教学思想。对我国教育理论界产生影响最大的当属凯洛夫（N. A. Kaiipob，1893—1978）的《教育学》。教学论的相关认识进一步发展，首先明确社会主义的教学目的，并且初步建立了以马克思主义认识论为指导的教学理论体系，包括教学任务、教学过程（课堂教学的类型与结构）、教学内容、教学方法、教学组织形式等概念的范畴，基本形成了一个完整的理论体系。这一时期对教学论的认识依然处于学习阶段，所不同的是学习的是苏联的教育、教学理论体系。此阶段对教学论的认识与研究未能认识到苏联教学理论体系的不足，而是照搬照抄；也未能将所学的教学思想与中国的教学实践相结合。但关于教学论的认识，值得肯定的是教学论已不是一种思想或理论，而逐步开始成为一种理论体系。换句话说，人们已将教学论视为一种完整的理论体系。

20 世纪 80 年代开始，中国教学论的发展进入了崭新的阶段。这一时期对于教学论的认识与研究一方面依然学习国外各种教学思想或理论，如赞科夫的发展性教学理论、布鲁纳的结构主义教学理论等等。这些思想与理论对于我们学习、了解西方的教学思想，开阔视野，促进中国教学论的发展有积极作用。另一方面，在学习各种教学理论、教学思想的同时，我国的教学论学者也开始进行自我反思与独立的研究，开始建立有中国特色的教学论。在我国，教学论从教育学中逐步分化出来成为一门独立的分支学科。同时期，出版了大量的教学论的专著、教材与论文。至此，人们对于教学论的认识逐步明晰并尝试界定。王策三（1985）认为“教学论既不是具体学科的教学法，也不是具体的教学方法。是关于教学的一般原理”①。董远骞（1984）认为“教学论是教育学的一个分支，是研究教学规律及其应用的科学”②。吴杰（1986）认为“教学论是研究教学一般规律的科学，是教育学的一个分支。是以教育学基本理论为基础，对中外教学理论的遗产、现实的教学实践经验以及各科教学法的成果进行理论上的分析、概括、总结”③。刘克兰（1988）认为“教学论是以马克思主义认识论为指导，应用系统观点，研究教学活动，揭示教学的一般规律，用以指导教学实践的理论”④。李秉德（1991）认为

---

① 王策三．教学论稿［M］．北京：人民教育出版社，1985：2.

② 董远骞．教学论［M］．杭州：浙江教育出版社，1984：3.

③ 吴杰．教学论——教学理论的历史发展［M］．长春：吉林教育出版社，1986：1.

④ 刘克兰．教学论［M］．重庆：西南师范大学出版社，1988：4.

"教学论是研究教学一般规律的科学，是从教学实践中总结、概括并上升为理论的科学体系"[①]。20 世纪末，学者们关于教学论的认识主要将焦点放在教学论是一门探索教学一般规律或一般原理的学科。这时期对教学论的认识值得肯定的是，人们已经明确了教学论作为一门独立分支学科的地位，并初步建立起教学论学科的理论体系，包括教学目的、教学原则、教学过程、教学内容、教学方法、教学组织形式、教学手段、教学评价、教学管理等。随后迈入新世纪的教学论的发展，依然没有脱离原有的教学论理论体系的这一基本框架。

进入 21 世纪，学者们逐渐开阔视野，力图从不同的角度、运用不同的研究方法展开对教学论的进一步研究。李定仁、徐继存（2001）总结了近二十年中国关于教学论的研究成果，认为"教学论是从动态的教学整体出发，综合研究教学活动和教学关系，探索教学最一般规律的一门学科"[②]。与此同时，一些研究者转而关注教学主体、教学价值、教学本体等教学论的元问题，形成了系统的教学哲学思想。在当代科学技术革命的影响下，各门学科高度分化又高度综合，各门学科相互交叉、相互渗透，形成多种边缘学科和分化学科，教学论的发展也概莫能外。教学论研究领域，出现了以学生年龄阶段划分的学科教学论，如小学教学论、中学教学论等；还有以学科划分的分科教学论，如数学教学论等；还有与其他学科相互渗透而形成的教学艺术论、教学生态论、教学模式论、教学动力论等等。学者们尝试着突破原有教学论框架的束缚，建立适应社会与教学实践的现代教学论。这一时期，对于教学论的认识更加宽泛。

通过上述梳理，可以发现：对于教学论的认识，研究者始终以"是什么"的思维方式尝试解答。中国教学论的研究与认识起步比较晚，可以说是很年轻的学科。对于教学论的认识基本是受国外教学思想的影响，特别是新中国

---

① 李秉德．教学论［M］．北京：人民教育出版社，1991：1.

② 李定仁，徐继存．教学论研究二十年：1979—1999［M］．北京：人民教育出版社，2001：25.

成立后，对苏联教学思想的照抄照搬，至今，依然可以从中窥见苏联教学理论体系的影子。直到改革开放，中国的教学论才开始进行独立的思考与创造。回顾和审视我国关于教学论的认识，可以说是从单纯的移植而走向借鉴与创新的。无论祖先留下的教学思想多么博大精深，真正意义上的教学论，毕竟是漂洋过海的舶来之物。①

国内外教育家或教育思想家对教学论的认识和理解，是不断发展的。对于“教学论”的解答不单纯是一个名词解释的问题，而是与其所依据的理论基础密切相关。学者们对教学论的解释尽管都是从某一个角度或侧面进行论述，但对我们理解和认识教学论都具有重要的借鉴意义。

（3）追根溯源——问题意识与学科意识

通过梳理西方以及中国对教学论认识的发展历程，可以得出这样的结论：西方对于教学论的理解相对宽泛，教学论既可以指教学理论也可以包括教学思想，换句话说，关于教学的思想、理论都是教学论的范畴。我国对教学论的认识与使用相对谨慎，人们一般有区别地认识教学论、教学理论等名词。有学者根据分析哲学专门作出界定以区别相关概念。西方对于教学论的研究一般以具体的教学实践中的问题为出发点，寻找各种可能的路径探索解决现实的教学问题，因此，对于教学论的理解一般都基于某种视角或理论基础、哲学思想。我国的教学论一般以阐释教学、教学过程或教学论这一概念出发，建构起以概念为中心的理论框架。这样，教学论追求理论化，即从哲学的高度、以逻辑严密的演绎构建教学论；追求客观化，即教学论探讨的是教学中的一般规律，而规律是存在于教学过程中的，具有客观性和一般性。这样，西方对教学论研究或认识的目的指向于解决教学中的具体实践问题，我国对教学论的认识则力图达成一种指导教学实践的“公允之学”。在这里，不需要对两者的不同认识作出对错或优劣的评判，但是可以根据不同分析其背后隐藏的根本原因。本研究认为，造成两者对教学论认识不同的根本原因在于研

---

① 丛立新. 教学论三问［J］. 教育研究，1996（08）：62-65.

究者的研究取向，或者说是研究意识是不同的。具体说，西方对教学论的认识是基于问题意识，我国对教学论的认识更多的是在学科意识指导下侧重理论的研究。

关于问题意识和学科意识，本研究采取将“问题”“学科”与“意识”组合的形式给予界定。“意识”在不同的学科具有不同的含义。从哲学角度来说，意识是与物质相对应的哲学范畴，它是与物质既对立又统一的一种精神现象；心理学认为，意识是人类特有的心理现象，借助于语言对客观现实世界主动的自觉的反映，是心理活动的最高形式。人类文明得以进步，源于人类的问题意识。正因为有了问题或疑问，人们就去追寻答案，去分析去试验……最终，有了发明，有了改进，有了完善。与日常生活中的“问题意识”不同，西方对教学论认识过程中所体现的问题意识，其研究的目标或者说“问题”指的是教学中的具体环节，例如教学策略、教师决策、教学方法等等。具体地说，问题一方面涉及问题本身，即在众多的问题中，哪一个问题具有实质性意义，或者具有全局性意义；另一方面，是关于如何提出问题以及解决问题，这或许更为重要，因为反映了研究者的问题意识。问题意识实际上是一种“眼光”，所反映的是追求历史与现实研究的一种取向，所追求的是具体事物或问题的内在逻辑，不以大而全的普遍规律为目标。简单地说，问题意识是以具体问题为对象进行教学论研究、建构教学思想或理论的一种取向。

学科意识有两种含义。一是针对某一领域的所有研究者而言，意指意识到作为一门学科，至少应具有严格规范，具有学术传承传统及严格的方法训练等，这时可以将其称为“学科意识”；二是针对学者进行研究的逻辑起点、过程以及结果而言，学科意识是指导研究的一种思维，即研究之初便确立研究对象，将其明确地归类于教学论整个学科体系中的某一组成部分，研究过程遵照教学论学科的基本内在逻辑，研究结果力图完成一种系统性的理论探索。我国的教学论研究更多的是倾向于构建学科的完整体系，并且不断试图突破原有的理论框架，但是，无论是有所建树的或是颇有特色的教学论理论都没有完全摒弃建立全面系统的理论体系这一思路。这是我国教学论研究的特色。

这样，教学论理论体系基本的理论框架包括：教学目的、教学内容、教学方式、师生关系、教学评价，等。这是我国特有的学科意识之下的教学论的基本理论体系。本研究尝试从方法论的角度，阐释教学论的发展历程，就不能不考虑“何为教学论”的问题。鉴于中西方对教学论认识与理解的差异，根据研究的立足点，本文对教学论所作的一系列审视均以学科意识为尺度。也就是说，本文的研究对象——教学论，应视为一门学科；国外教学思想、教学理论的梳理与考察也是在学科意识之下进行的研究。

2. 作为一门科学的教学论

在关于“教学论是什么”的阐释中，许多学者都将其归为科学，认为“教学论是研究……的科学”。在较有影响力的《教学论稿》一书中，王策三先生将教学论的科学化发展以及教学论要科学化作为其全书的重要线索之一。由此可见，我们不能不承认教学是一门科学的事实。作为一门科学，教学论应该具有一般科学的特性，也应该具有与其他学科不同的科学特性。在讨论教学论的科学特性之前，有必要对“科学”一词作简单的理解。

今天，我们所谈及或使用的“科学”一词，是新文化运动时期引入的重要概念，是在 17 至 20 世纪的西方知识活动基础上建立起来的。在 17 世纪，科学，确切地说是自然科学成功地对人们产生了重要的影响，人们开始意识到这可能是一种比宗教更有力也更实用的新世界观。于是科学取代了上帝，这就是科学崇拜的开始。但是科学是否就是自然科学需要认真界定，要真正把握科学这一概念不被自然科学所垄断就要追溯到西方希腊时期。在亚里士多德的眼中，“知其然”和“知其所以然”一起构成了“学问”，即科学（希腊文的“学问”翻译为英文时就是 science）。至于学问的具体研究对象，亚氏也不是只从“自然科学”着眼，而是把学问分为理论的学问、逻辑的学问、生产的学问和实践的学问，实践的学问又可细分为伦理学、政治学、经济学等。[①] 这样，科学一词原初的含义是指称各式各样的学问，而不只限于一般所指的自然科学。《辞海》中“科学”条的表述是：“关于自然、社会和思维的知识体系。它适应人们生产斗争和阶级斗争的需要而产生和发展，是实践经验的总结。科学的任务是揭示事物发展的客观规律，探求客观真理，作为人们改造世界的指南。”[②]《不列颠百科全书》是这样来定义的：科学是“涉及对物质世界及其各种现象并需要无偏见的观察和系统实验的所有各种智力活动。一般说来，科学涉及一种对知识的追求，包括追求各种普遍真理或各种基本规律的作用”[③]。《中国大百科全书》（简明版）认为科学是“对各种事实和现象进行观察、分类、归纳、演绎、分析、推理、计算和实验，从而发现规律，并对各种定量规律予以验证和公式化的知识体系”[④]。那么，科学这一概念采用康德的界说也许是十分适当的：“任何一门学问，只要能构成为一系统，即一按原则而被组织起来的知识的整体，都可称为科学。”[⑤]

作为一门科学的教学论，就意味着教学论要以科学的标准来要求，既要符合科学的一般性，也要具有教学论自身的科学特性。“以科学的标准来要求”的教学论研究“至少包括三个层面：科学的方法、问题的解决以及新知识的产生，而理论研究或科学的理论研究需要严格的哲学思辨、严密的逻辑推演、规范的学术语言、严谨的研究方法、其所得出的理论经得起经验事实的检验”。教学论的科学性，“主要表现在两个方面：一是理论内容的客观真理性，要求对其研究对象、理论结构和研究方法进行探索；二是逻辑的考察，

---

① ［德］卡西尔．人文科学的逻辑［M］．关之尹译．上海：上海译文出版社，2004：10．

② 辞海［M］．上海：上海辞书出版社，1979：3997．

③ 不列颠百科全书（第15卷）［M］．北京：中国大百科全书出版社，1999：137．

④ 中国大百科全书简明版（第5卷）［M］．北京：中国大百科全书出版社，1996：2664．

⑤ ［德］卡西尔．人文科学的逻辑［M］．关之尹译．上海：上海译文出版社，2004：11．

要求逻辑形式的严密性、完整性。教学论学科发展的研究同样应遵循这一基本思路”①。具体说，教学论的科学性主要体现在：教学论内容的系统性与逻辑性、教学研究方法论的规范性与针对性、教学问题的现实性与真实性。教学论内容的系统性和逻辑性是指教学论的各部分内容及它们之间的联系，不是简单的堆砌，而是具有内在结构性的符合逻辑的联系。教学研究方法论的规范性与针对性是教学论作为一门科学的重要标准，它决定了教学论的正确程度及理论研究的深度与广度。因此，研究方法是否适用于教学论学科的发展，研究方法本身是否科学都是教学论成为一门科学的重要条件与特性。教学问题是教学论发展的源动力，是构建教学论的现实基础。研究者需要抽丝剥茧、去伪存真地抽离出具体问题和真问题。因此，教学问题的现实性与真实性是针对教学论的研究对象而言的，只有对于真问题的研究才是科学的研究。

3. 作为一门学科的教学论

教学论是关于种种教学现象以及规律的学科。教学论作为一门独立的学科已经是毋庸置疑的事实。作为一门学科，教学论的首要任务是确立自己学科的研究对象。拥有其他学科无法取代且相对独立的研究对象是教学论成为一门学科的关键。如前所述，教学论的研究对象就是教学现象及其规律。任何一个学科在发展的进程中，不仅研究的观点不断发生变化，其研究对象也在不断变化。与夸美纽斯，或者苏联的教学论相比，教学论的研究对象也变得更加多样。与此相对应的是教学论作为一门学科，经过学科的高度分化与综合，已经由学科发展为学科群。因此，当判定教学论作为一门学科的性质时，应该首先追问的是：你说的是哪一种教学论？就整个学科群而言，判断教学论是一门理论学科肯定是不对的，因为它必然涉及一些应用型的学科。对于一般性的教学论而言，它仍以教学现象、教学的普遍问题和一般规律为

① 裴娣娜. 现代教学论［M］. 北京：人民教育出版社，2005：32.

研究对象，它要依靠和概括其他学科的众多成果，同时提供最一般的图景、发展线索和原理原则。因此，一般性的教学论只能是理论学科，也必须是理论学科。这样，本部分对教学论的学科特性的探讨是将焦点放在教学论作为一般性的理论学科的基础上进行的。

(1) 什么是学科

学科，英文可以译为 subject 或 discipline。前者属于日常生活中对学科的理解，即一种专业科目，如数学、计算机等。后者是指某一科学活动领域及其形成的学术体系，它的英文意思是“a branch of science”，如生物学、法学等。在本研究中，“学科”倾向于第二种含义，是与知识相联系的一种学术概念，是自然科学与社会科学知识系统内的知识子系统，是分化的科学领域。一门学科，意味着有其独立的研究对象或视域，根据研究对象有具体的研究方法，并且研究所获得的知识是成体系的。没有独立的研究对象，就没有学科的独立性，学科就失去了存在的依据；研究方法必须根据研究的对象、具体问题而选择，对象的独特性表示研究方法的特殊性；同时，研究所得出的结论或知识必须成为具有严密逻辑性的理论体系。

本研究认为，教学论是一门学科，就会有自己独特的研究对象、理论基础、话语体系、逻辑范畴，这是教学论作为学科的立足点与基础；教学论是一门科学，科学意味着教学论中的关于教学的认识是科学方法指导下的取得科学认识的过程，是经得起实践检验与逻辑验证的科学理论，这是教学论学科的本性；教学论是动态的，说明其不是静止的，是有教学论的历史、教学论的当下存在与未来的，而其动态的发展取决于教学论的研究对象——教学活动的存在与发展，这是教学论保持活力与生命的根本。

(2) 教学论的学科特性

一门学科具有哪些特性并不是由研究者的主观意志决定的，它是由学科的研究对象、研究目的、研究方法等共同决定的。作为一门理论性的学科，其目的在于为教学实践提供一般性的指导；教学本身是一个整体的系统，就必然用整体性的观点去研究以避免偏颇；教学活动、教学现象是动态发展的，使得教学论本身随着教学活动等的变化而动态发展。因此，教学论的学科特性是理论性、实践性、整体性与动态性。

教学论学科的理论性是教学论作为一门学科的根本特性。爱因斯坦曾指出："理论物理学的目的，是要以数量上尽可能少的、逻辑上互不相关的假说为基础建立起概念体系，如果有了这种概念体系，就有可能确立整个物理过程总体的因果关系。"[①] 教学论学科同样如此。教学论所要探索的是教学的普遍的、一般的规律，因而它不能只是简单地描述教学活动和教学关系，而是要在吸取其诸多分支学科和相关学科研究成果的基础上，通过分析、综合、抽象、概括等一系列艰苦细致的思维过程，逐步形成其概念、范畴，并建立起理论体系。[②] 这样，具有理论性的教学论学科才能够为解决现实的教学问题提供一般性的规律指导、原则原理。

教学论的实践特性是由其研究对象和学科的理论性决定的。教学论的研究对象是教学活动、种种教学现象，这就决定了教学论不能仅仅是一门具有理论性的学科，它还是一门具有实践性的学科。教学论既重视教学实践活动，以教学活动为研究对象，也要为教学活动提供指导，影响教学实践，帮助教学活动的逐步完善。教学论既要为教学实践活动提供一般性指导，还要对具体的教学活动施加影响，使其更加完善和符合教学的基本规律。这是教学论学科的实践性体现。教学论的任何结论与研究都是来源于教学实践并指向教学实践的。当然，不能苛求教学论似万能处方一样对所有教学活动都达到"药到病除"的效果，也不能将教学置于理论的阁楼而悬置。

整体性是针对教学论研究的对象和教学论研究本身而言的。教学本身就是一个整体，是由各个部分或要素组成的有机联系的整体。教学中的各组成部分相互影响、相互制约，既影响教学整体，又受教学整体的制约。教学论要准确或有效地指导教学，就不能不了解、掌握教学本身作为一个有机整体

---

① 爱因斯坦文集（第一卷）[M]. 北京：商务印书馆，1976：170.

② 李定仁，徐继存. 教学论研究二十年：1979—1999 [M]. 北京：人民教育出版社，2001：26-27.

的特性。另一方面，教学论研究应具有整体意识。具体地说，具有整体意识的教学论研究不仅要研究教学中各个组成部分，还要把握每一部分在整体教学中的地位与作用，进而把握各组成部分之间的关系，达到认识整体、探索一般规律的目的。树立整体意识的教学论研究有利于准确地把握教学发展的价值取向，加深对教学论的理解。教学论的整体性特性要求研究者全面地、联系地、整体地进行研究，克服片面孤立的研究倾向。

教学论学科的动态性是指教学论的研究对象是动态发展的，教学论研究也要随着对象的变化而变化。教学是现实活动，受社会环境等诸多因素的影响，也随着社会、科技的进步而不断发生变化。因而，教学论作为关于教学现象及其规律的学科，必然受到其研究对象的变化而动态地发展。同时，教学论必然从这种客观的变化出发，考察教学活动，并且从中揭示运动、变化的规律。教学论学科的动态性要求教学论研究者从发展的视角看待教学以及教学论本身，不断认识教学活动的新的特征，不断充实、更新教学论。只有处于发展中的、具有发展性视角的教学论学科才是科学的教学论，才是符合社会进步的教学论；也只有动态发展的教学论，才能保持生命和活力，保持对教学活动的指导能力。

梳理有关教学论的已有认识或理解，为本文进一步界定研究对象——教学论奠定了基础。教学论似乎是不言自明的，称之为概念也并不准确。一些研究常常混淆教学论与教学理论，教学论常常与流派、思想相联系使用，含义使用有泛化倾向。因此，这里仍需要对其进行阐释，以进一步明确本研究的研究对象，保证研究的科学性与逻辑的严密性。教学论是关于种种教学现象及其规律的学科。也就是说，教学论主要研究各种各样的教学现象并揭示隐藏在各种教学现象背后的规律。就目前教学论的发展来说，主要分为理论教学论和应用教学论。[①] 理论教学论的主要任务是对教学问题进行理性探索，揭示隐藏在各种教学现象背后的规律，为教学演化、发展和改革提供理论支

① 李森. 现代教学论纲要［M］. 北京：人民教育出版社，2005：49.

持。应用教学论分为分段教学论和分科教学论，主要是针对具体的教学行为而开展的专门性研究。如此看来，教学论是一门高度分化的学科体系。另外，教学论既要针对现实中的教学问题，提供可操作性的教学指导，也要进行理性探索，对教学现象作出科学的解读。那么，教学论就必然是一种符合基本科学标准的学科体系。本研究中，教学论是理论教学论，或者说是一门理论科学，是对教学方案的设计、教学计划的实施、教学模式的建构、教学策略与方法的实施等提供一般性原则指导的学科。基于上述对教学论的理解，本书展开从方法论的角度考察教学论的研究。

（二）教学论与方法论

本研究立足于方法论，展开对教学论学科发展历程的探索，就必然对方法论这一视角予以阐释。当试图阐释方法论时，发现探索其含义就如同进入了迷宫，茫然不知所向，各种概念或理解纠缠在一起。因此，有必要将相关概念、已有理解进行一番梳理、比较与分析，以明确本文的方法论所指。

1. 方法论与哲学

(1) 方法与方法论

许多学者从对方法的阐释出发揭示方法论。“工欲善其事，必先利其器”。人们在认识和解决任何问题时，总是发挥主体自身的主动性和创造性，总是采取一定的手段、工具、方法。人的任何认识活动和实践活动都离不开方法。方法，英文 method，意思是沿着正确的道路运动。那么一般意义上的方法，是指能够为人们的认识活动和实践活动提供沿着正确道路行进的工具、手段的知识。哲学意义上的方法采用列宁对黑格尔关于方法的改造，即主体对客观对象的本质及规律的自觉运用。对方法的全面理解包括两个方面：一个方面是就其功能与作用而言，方法是主体认识和改造客体及主客体关系的工具、手段；另一方面，就其内容和本质而言，方法是主体对客观对象的本质及规律的自觉运用。在方法的系统中，根据其概括的程度和适用的范围不同，可分为三个层次。哲学层次：最高层次的方法，以整个世界为认识和改造的对象，以整个世界的普遍本质和普遍规律为客观依据，所以哲学方法是世界普遍规律的主观运用，具有普遍的适用性和指导作用。一般科学层次：是指许多有关领域的客体作为认识和改造的对象，是一般科学领域的一般规律的主观应用。主要包括数学方法、系统方法、信息方法、控制方法、逻辑方法等。具体科学层次：以某一具体领域的客体为认识和改造的对象，并以某一学科所研究的特殊规律为客观依据，是某一具体领域的特殊规律的主观应用。要正确认识三个层次的关系，是一般、特殊与个别的关系。方法论是认识世界和改造世界的方法的学说或理论。方法论是以方法为研究对象，探讨方法的形成、变化和发展的规律，研究方法的特点、性质和功能，研究运用方法的原则和方式等具体内容。根据方法的三个层次，方法论也是由哲学方法论、一般科学方法论、具体科学方法论构成。方法论与世界观是一致的，有什么样的世界观就有什么样的方法论。如用形而上学的世界观去指导认识世界和改造世界，就是形而上学的方法论。①此种关于方法与方法论的解释，是由方法的阐释进一步演绎出方法论的内涵，这是人们对方法论的一般性理解。

在教育学领域内的学者认为方法是从实践上、理论上把握现实的，为解决具体问题采取的手段和操作的总和，是人们为达到目的而采取的措施、步骤、程序、计划、方案等的总和。而所谓方法论，就是关于方法的理论或学说，也即关于科学认识活动的体系、形式和方法的原理的学说。②这种认识将方法论归于科学研究的范畴内，是隶属于教育科学学科内的，我们可以称之为学科方法论或科学方法论。根据《韦伯斯特百科词典》上的解释，方法论有时指的是“任一专门学科中（所使用的）方法的体系”，但它更经常地是指

① 详细可参见于丁春．哲学方法论［M］．北京：北京出版社，1990；人民社会百科全书之一——新哲学社会解释学辞典［M］．辞书编译社，1949.

② Webster's Third New International Dictionary，G. C. Merrian Company. 1968，P. 1423.

“研究方法或有序程序的科学，特别是有关科学与哲学探究中推理原则应用的学科分支”。前者“方法的体系”的含义更接近于方法，或者是关于方法的理论；而后者“方法的科学”更倾向于将方法论视为关于“学科分支”的推理原则的研究。由此，我们可以看出，方法论本身是具有层次性的概念。

20 世纪 80 年代开始，人们开始关注方法论，掀起了关于方法论研究的热潮。甚至有学者直接指出，教育科学如果要获得突破性进展，就必须在方法论上首先获得突破。直至今天，关于教学论学科的发展问题，有人依然坚持教学论的方法论的规范使用与突破发展。然而，更多的学者只是感受到学科内方法论存在的问题或方法论的贫乏，却对方法论这一问题未曾深思过。在进一步确定本研究所指的方法论之前，鉴于方法论本身的层次性，有必要明确方法论与哲学的关系。

（2）方法论与哲学

哲学作为世界观和方法论，是理论化、系统化的世界观，是自然知识、社会知识、思维知识的概括和总结，是世界观和方法论的统一。哲学同其他各门自然科学、社会科学都是人类主动认识世界、获得各种知识和方法的认识实践活动。这是人们对哲学的一般解释。黑格尔说：“哲学一般是思维着的认识活动。”① 列宁说：“哲学史，简略说，就是整个认识的历史。”② 无论是黑格尔还是列宁关于哲学的认识，都说明哲学是以人类认识活动为本质内容的意识形态。哲学同人类的现实社会生活是紧密联系在一起的，是社会现实生活的一个有机组成部分；哲学是社会意识的具体存在和表现形式，是一种具体的、现实的、活生生的社会意识。因此，马克思指出：真正的哲学都是自己时代精神的精华。

人类认识发展的历史究其根本是人类思维方式发展的历史，换言之，就

① ［德］黑格尔（G. W. F. Hegel）. 小逻辑［M］. 贺麟译. 北京：商务印书馆，1980：191.

② 中共中央马克思恩格斯列宁斯大林著作编译局译. 列宁选集（第 38 卷）［M］. 北京：人民出版社，1959：399.

是按照什么样的思维方式进行认识活动的历史，就是按照什么样的方法论进行认识活动的历史。作为人类的一种认识活动，特别是以人类认识活动为本质内容的哲学，其本身就是人类认识思维方式的发展过程。因此，在人类认识的不同历史时期，必然会有不同的哲学思想作为人类思维方式的方法论而发挥作用，指导人类的认识活动。哲学即是方法论。教学论是人类认识教学实践活动的理论表现形式，即是人类的一种认识活动。人类的认识活动就脱离不了哲学——作为方法论的指导。对哲学即是方法论的认识，为本研究方法论视角提供了可操作性。

（3）本研究的方法论——含义与定位

有学者认为：在科学研究中，方法论研究作为对于“实质的”科学理论所作的“形式”的或“逻辑”的探索，必须以“实质的”科学理论作为自己的研究对象，因此，在研究程序的逻辑上，它后于“实质的”理论。但是，另一方面，所有以科学为名的学科，无一例外地都不能不关注如何获得研究结论的问题（发现的程序问题）与这一结论何以为真的问题（验证的逻辑问题），即方法论的问题。而方法论探索的成果在这种关注之下表现为科学理论所必须满足的“形式”或“逻辑”的标准规范或前提预设。在此意义上说，方法论研究又在理论推理的逻辑上先于“实质”的科学理论。上述这种似乎自相悖论的状况，实际上向我们提示着真正合理的科学研究进程是如何进行的。[①] 对于方法论的认识存在不同与争议，有必要在此明确笔者的观点以作为后续研究的基点。鉴于方法论的深奥晦涩，笔者无法通过“方法论是什么”这样的定义方式对方法论予以界说，但是可以通过“方法论不是什么”对其加以辨析以明确研究立场。首先，方法论不是方法，但与方法密切相关。许多研究中，研究者常常将方法论与方法混淆，究其原因在于二者的关系密切。对于具体方法的选择、运用及演化能够直接反映方法论的变化；而探究方法的选择及演化倾向的原因则要在方法论这个源头上寻其“根”。其次，方法论

① 覃方明. 社会学方法论新探（上）——科学哲学与语言哲学的理论视角［J］. 社会学研究，1998（02）：37-46.

不是哲学学科，但隶属于哲学范畴。方法论不应该仅是关于方法的理论，对于方法的理论基础、前提、原则等相关内容的认识属于技术层面，这样的界定无疑是一种浅层的理解。方法论具有丰富的哲学内涵，它探讨问题与方法之间的关系，也要反思批判方法，这其中不仅涉及对方法本身的认识，还关涉价值的判断与选择。从方法论的角度对教学论进行研究，不仅涉及对教学论的研究方法的研究，即科学发现的程序问题，还包括对教学论的研究与发现是否合理，是否满足“标准规范”，由此关涉到教学论这门科学是如何进行，如何从过去走到现在，又将如何发展的问题等等。其特征在于：一是着眼于关系，着眼于客体与方法之间的关系，客体与方法之间的适切性直接决定了科学认识的结果。二是反思性与批判性，方法论研究具有鲜明的反思性与批判性，是人类群体自我意识在科学研究领域的突出表现。为了进行有效的科学认识，获得科学认识的本真，方法论就要针对其方法应用的相关问题特别是与客体的关系问题进行反思与批判。三是历史性，人们对方法论及其意义的认识过程是一个历史过程；方法论概念的内涵是随着历史及人的认识能力和认识范围的发展而发展的，具有一定的历史性。

本研究基于上述的理解与阐释，确立本研究的立场。本研究对方法论的确定基于两个方面：一方面，方法论的多层次性说明了方法论的复杂与晦涩，因此，本研究将仅就哲学方法论层面进行教学论的历史考察。这不是为了研究的简单和便利，而是根据本研究目的确定的范围。教学论历史发展进程中的具体方法不列入考察范围，只是将具体方法的一般性指导原则——哲学方法论层面的内容进行论证与分析。另一方面，哲学本身就是方法论为本研究确定方法论的立场提供可操作性的指南。哲学是以人类认识活动为本质内容的意识形态，且是人类认识思维方式发展的历史，对于教学论发展过程中，哲学所发挥的哲学方法论的作用有必要进一步地明确。

2. 教学论与方法论的关系

有学者认为，“表面看来……方法论研究似乎离解决具体的教育理论或实践问题很远，看不见，摸不着，有些玄乎……”[①] 这其实说明了目前在教学论研究中、在整个教学论学科发展的过程中，研究者对方法论的有意识规避和方法论意识的淡薄。但就以上关于方法论的分析而言，方法论离我们很近，它就在我们的意识中，或者说就是我们的研究意识，“是自觉的思想的活动”[②]。教学论作为人类认识活动，其认识教学活动的方式、逻辑起点、思维轨迹都是教学论研究的方法论轨迹。因此，教学论与方法论具有十分密切的关系。

古希腊罗马时期的哲学中，亚里士多德的《工具论》和《形而上学》是关于方法论的重要文献。亚里士多德发现的逻辑思维形式和规律，以及他所创立的逻辑体系，在文艺复兴以前的历史时期内都是西方思维方法的规范。中国古代哲学中，孔子主张“博学”“多闻”“多见”，这是对认识提出来的基本规范。他强调学思并重，明确提出“学而不思则罔，思而不学则殆”，这是注重认识的后天来源。但是在此基础上他反对满足于获得众多杂乱无章的知识，要求用“一以贯之”的原则把所有的知识贯穿起来。“一以贯之”是通过“思”的功夫达到的，也是“思”的方法论原则。宋明清时期，哲学家们也比较注重方法论，程朱学派主张“道问学”，注重“格物致知”的综合方法，认为“知”为人所固有，但必须格物以致之，“即物而穷其理也”。这是中国哲学对方法论的讨论，并以此为指导，进一步阐述教学思想。教学论学科体系的构建离不开方法论的指导，方法论的选择或不同决定了研究取向以及研究结果的差异。

方法论应与教学研究相结合，形成教学研究方法论——教学论学科群的基础学科。教学论是教育科学的一个独立分支学科，教学研究方法论同样是教育研究方法论的一个分支，两者既有区别又密切联系在一起。对于教学研究方法论的理解就是关于教学研究、教学研究中的方法论问题。基于此种理解，教学研究方法论的主要任务不是提供一种知识，而是着眼于方法论的基

① 叶澜．教育研究方法论初探［M］．上海：上海教育出版社，1999：24．
② ［法］莫兰．复杂思想：自觉的科学［M］．北京：北京大学出版社，2001：275．

本问题，如研究对象与方法的关系等，进而解决研究者思维层面的方法问题。教学研究方法论的本质不在于一种关于方法的知识，而是思维方式的变革。教学研究方法论在教学论学科体系中不处于子学科、分属学科，而是教学论学科体系的基础学科，从方法论层面指导教学论学科的发展。这种解读基于方法论的丰富涵义，体现了学科方法论应具有的关系性、批判性与反思性、历史性等特质。教学研究方法论是教学论的基础学科，其基础性在于从方法论的角度为教学研究提供崭新的思路、广阔的视域、深邃的思维。有学者提出教学研究方法论的现代构建面临三个最紧迫的问题：一是如何把握教学研究主题及界定研究域；二是在多种教育思潮理论并存的情况下，如何寻求研究的理论基础；三是在方法不断创新的当今，如何形成教学研究基本方法体系的新思路。[①] 对教学研究方法论这些基本问题的追问，体现了研究者开始关注教学研究方法论的学科地位问题，其体系构建问题，这标志着教学研究方法论逐步建立并开始发展。教学研究方法论的发展是教学论学科成熟发展的体现，是教学论从自在走向自为的表现。

---

① 裴娣娜．基于原创的超越：我国教学研究方法论的现代构建［J］．教育研究，2004（10）：43-48.

二、回溯与反思：从方法论看国外教学论的发展

从个别的教学思想、教学理论到独立学科的建立，这是教学论不断系统化、理论化，不断发展的过程。换言之，它是教学论不断科学化的历程。王策三在其《教学论稿》一书中，就教学论的发展问题，以科学化为线索作过深入浅出的探讨，并且认为教学论依然要进行科学化的新探索，号召为教学论的不断科学化而努力。[①] 由此可见，科学是教学论发展历程中的关键词。在哲学视域中，科学与理性是有密切关系的概念范畴。科学是人类理性生活的重要内容，它的萌发和发展是人类理性成熟和发展的重要成果。可以认为，教学论不断科学化的进程就是人类对教学的观念、思想不断成熟，逐步由感性上升至理性，并且不断理性的过程。因此，本部分对国外教学论发展的研究将以理性为线索，以哲学视域中的理性主义方法论为侧面进行梳理与分析。

理性，英文为 reason，来自法文之 la raison，法文此字来自拉丁文 ratio，其动词为 reor，意为筹算、思考、推论等。“理性”在今天已经是一个大家常用的词，虽然使用时可能意义不同。关于理性，我国有过丰富的论述。《说文解字》：“理，治玉也。”段玉裁注云：“《战国策》：郑人谓玉之未理者为璞。是理为剖析也。玉虽至坚，而治之得其鳃理以成器不难，谓之理。凡天下一事一物，必推其情至于无憾，而后即安，是之谓天理，是之谓善治。此引申

① 王策三. 教学论稿［M］. 北京：人民教育出版社，1985：2.

之意也。"[1] 这就是说，理字的本意是治玉，而治玉必须依玉本身之条理，因此条理就是理。换言之，理作为动词之意是对事物的治理，而作为名词之意则是事物本身之条理。《广雅·释诂三下》亦云："理，治也。"[2]《广雅·释诂三上》又云："理，道也。"[3] 道、理互训，道作为动词其含义是"导"，而导必依事物之理，道作为名词之意即为事物之理。所以，理性本身含有主客观两方面的意思，或者如黑格尔所说，理性是"自觉的理性与存在于事物中的理性"[4]。

理性主义是近代哲学的一个主要流派，其代表人物有笛卡尔、康德等人。理性主义的思想源泉可以追溯至古希腊时期的柏拉图。理性主义强调人的理性认识，认为人的理性认识是衡量万事万物的尺度，必须承认人的理性尊严与能力。人的认识只有借助于理性才能获得对事物的本真认识，人究其本质是理性动物。理性主义曾经在中世纪后期发挥重要的革命作用，成为人性反对神性的重要武器。理性主义是影响教学论发展的重要哲学流派。从某种程度上，理性主义从方法论的角度深刻地变革了教学论的发展脉络，决定了教学论的发展轨迹。直至今天，理性的光芒依然在教学论发展的进程中不断闪现。教学论学科在追求科学化的过程中，始终不能脱离理性主义对教学论的影响，即对教学论的任何研究与建设都是人类对教学的理性审视的结果。当然，在整个教学论的发展历史中，追求理性认识的教学论发展也饱受诟病，并在与其他哲学流派、思想斗争的过程中，不断推进教学论的发展。教学论的理性发展根据理性在教学论发展不同时期的表现，可以分为前理性时期、理性的启蒙与确立时期、理性自觉时期、理性的困惑时期以及理性的"理性"发展时期。因此，本部分将以"理性"作为教学论发展的线索，在教学论学

---

① ［汉］许慎撰，［清］段玉裁注. 说文解字注［M］. 上海：上海古籍出版社，1981.

② ［清］王念孙.《广雅疏证》［M］. 上海：上海古籍出版社，1983：8.

③ ［清］王念孙.《广雅疏证》［M］. 上海：上海古籍出版社，1983：32.

④ ［德］黑格尔（G. W. F. Hegel）. 小逻辑［M］. 贺麟译. 北京：商务印书馆，1980：43.

科不断理性发展的历程中，探寻教学论建设的方法论之源。

（一）前理性时期

当谈及教学论学科的发展历程，并从方法论的维度去探讨其成长之路，就不可能不考虑教学论作为一门独立学科的成立。众所周知，在教学论论域内，夸美纽斯（Comenius，Johann Amos，1592—1670）的《大教学论》是教学论成立的标志性著作。只有当理论或思想、学问成为一门独立的学科时，才会有专门从事相关研究的人员，才会有本文所探讨的学科的方法论问题。但是，任何学科的成立都必须有前人的思想与研究做基础，因此，尽管在《大教学论》面世之前，教学论并没有成为一门独立的学科，仍需从方法论的角度去探讨推动教学论逐渐发展、独立的根源。鉴于此，对于教学论未成立之前的教学论思想的发展所经历的历史阶段，可以将其称为前理性时期。前理性时期的教学论的方法论探究，将着重探讨智者派的教学论、苏格拉底与柏拉图的教学论思想，以及经院哲学与中世纪的教学论，从中分析其方法论特征。

1. 智者派：以世俗与感性为方法论基础的教学思想

公元前 5 世纪中叶，希腊出现了第一批职业教师。他们的主要任务是传授知识，讲授雄辩术，这就是历史上的智者。智者作为一个学派的名称，始于普罗泰戈拉（Protagoras，约公元前 490 或 480—前 420 或 410）。尽管亚里士多德（Aristotle，公元前 384—前 322）认为智者派并不是一个学派，所探讨的也并非哲学问题，然而许多哲学史家都将普罗泰戈拉视为智者学派的创始人，并认为其对希腊的哲学、教育、文化等作出了卓越的贡献。

普罗泰戈拉说：“人是万物的尺度，是存在者存在的尺度，也是不存在者不存在的尺度。"[1] 也就是说，真理不存在于事物，而取决于人，取决于人的感觉经验。那么，没有什么所谓的客观真理，所有的只是人的感觉，因此感觉即知识。另外，他认为任何道理都具有正反两个方面，且这两种道理都是真的、对的；因为一切感觉都是真的，这样就不能说哪个是真理，哪个是谬误。由此可以得出这样的结论：智者派的思想源于人的感性经验，这种感性经验是没有绝对的对错之分的，因为"人的感觉就是知识"；知识或真理没有对错之分，意味着智者派的个人主义、相对主义的认识路径，因为人是社会活动中的人，这样就避免不了其思想的世俗性。

在其感性与世俗的认识论框架下，智者派的教学目的指向于教人学会从事政治活动的本领。普罗泰戈拉在谈及其教学目的时，就说到他那里求学的人，可以学到处理私人事务与公共事务的智慧。这种智慧，是指政治的眼光，以及适应政治斗争的能力。此时的人们，开始去寻求智慧，也就是理性的知识，尽管当时的智慧局限于"政治斗争中的权利"[2]。在教学目的的指引下，智者派的教学内容主要是文法、修辞学和雄辩术，同时还有音乐教学。然而这一切都是为了教学目的——培养从事政治活动的人而服务的。文法与修辞学是政治辩论的基础，是为了雄辩术的学习奠定根基，音乐的教学则是为了加强辩论或演讲的美感与动人。由此可见，智者派的教学论思想与其哲学观点一脉相承。正是对于真理与知识的认识是源于人和人的感性认识，其教学论思想也就指向于教导人的政治本领与智慧，并授以雄辩术等来进一步佐证。

2. 苏格拉底教学思想的方法论之源：神性与人的理性

古希腊时期的自然哲学家们所要探索的是万物的本原，也就是宇宙是由什么产生的。苏格拉底将其注意力集中于探讨是什么力量安排世界，并且认

---

① 北京大学哲学系外国哲学史教研室．西方哲学原著选读（上卷）[M]．北京：商务印书馆，1981：55.

② 滕大春，戴本博．外国教育通史（第1卷）[M]．济南：山东教育出版社，2005：191.

为此力量就是神，而神安排这一切秉承着“善”的原则。这不仅使得苏格拉底的思想具有神性，并具有神秘主义的倾向。他进一步认为，“而作为人，首先研究的就是人本身，是人事，哲学的任务首先要把人、人事作为对象”①。人并不如智者派所言，是感性的、欲望中的人，人之所以为人就在于人是有灵魂、有思想的理性的人。苏格拉底首次发现了人的精神的力量，发现了人的主动性，更重要的是揭示了人的理性的重要作用。

在其神性与“人是理性的人”观念的基础上，苏格拉底提出教学目的是要培养高尚的具有美德的人。由于世界是神按照“善”的原则所安排的，那么理所应当的，人作为神安排的事物之一，是应具有美德的。教学的目的自然是符合神性，使得人成为具有美德的人。在此基础上，教学过程就是教授美德，“美德即知识”，是永恒性的、普遍性的真理。如何才能够教授美德呢?苏格拉底认为人是具有可塑性的，但是存在着天赋上的差异，因此不同天赋的人应该受到适合的教育，才能够达到培养有德行的人的教学目的。在其神性哲学思想的基础上，苏格拉底运用“谈话法”（又称助产术）引导出早已存在于人心中的客观真理。

苏格拉底教学思想主要是将客观真理提到人们的意识之前，他力图教导人们去把握普遍、把握一般。他要求人们去理解美德、正义、勇敢、虔诚等本质，认识道德的永恒性、普遍性。由此，其教学论思想源于其神性与人的理性的哲学认识。苏格拉底的教学论思想，初步具有理性的萌芽。这种关于理性的认识是源于人的理性这一分析，并不具有学科理性的性质。但是，只有认识了人具有理性这一命题，才能逐步在理性的人的基础上，进一步去探索理性的教学论。

3. 柏拉图教学论思想的方法论之基：追求永恒与普遍的理念论

柏拉图（Plato，公元前 427—前 347）继承了苏格拉底的思想，进一步追

---

① 滕大春，戴本博．外国教育通史（第 1 卷）[M]．济南：山东教育出版社，2005：206.

问普遍的、永恒的真理的源泉。他认为现实世界中的一切事物，一切可感觉的个别事物，都不具有真理性，只有理念具有真理性。理念是事物的本质，事物是理念的摹本。所谓的理念就是共相、普遍、概念的真理。他认为："人的理性决不引用任何感性事物，而只引用理念，从一个理念到另一个理念，并且归结到理念。"① 因此，柏拉图轻视感性的事物，将其与共相、普遍、概念等对立起来，认为哲学的任务就是要人认识事物的本质，认识真理。在如何认识真理的问题上，他继承了苏格拉底的先验论，认为知识或真理已存在，人的学习只不过是回忆，回忆早已存在的理念。

在理念论的基础上，柏拉图构建起"理想国"的蓝图，并且将教育、教学视为实现理想国的重要保证之一。柏拉图认为教学目的首先是培养军人与执政者，这是理想国的统治阶级。其次，教学就是要使人的心灵转向真理，去认识理念世界，回忆心灵在理念世界里所见到的事物。这样，在其理念论的基础上，柏拉图论证了教学目的，并构建起较为系统的、理想的教学论体系。他认为，不同禀赋的人，在整个国家体系中发挥不同的作用，因此应该受到不同的教育。教育、教学就是要使禀赋好的人得到可贵的知识，看到"善"，从而引导他们不断前进。他重视学前教育，认为美好的教育应该从学前开始。在不同阶段的教学过程中，学生所学到的知识、真理也是不同的。为了培养理想国的军人与执政者，学生就要回忆，回忆已有的观念与真理。如何能够做到呢？柏拉图安排了较为详细的教学科目以达到其目的，包括音乐与军事训练、算术、几何、天文等。学习这些科目的目的，还是为了学习哲学。通过学习，把这些科目提高到可以相互联系、相互结合的程度，才能够对事物作出湛深理论的说明，得到的才是真理性的认识。

拨开柏拉图思想中的神秘主义的面纱，可见柏拉图所追求的是对事物本质的认识。尽管在其整个思想理论体系中，夸大了理念的作用，但是却引导人们去认识事物的普遍性，去认识事物的本性。这样，他将人类的理性认识

---

① 北京大学哲学系外国哲学史教研室. 西方古典哲学原著选辑：古希腊罗马哲学[M]. 北京：生活·读书·新知三联书店，1957：201.

进一步推动到更深的阶段。在其理念论的影响下，柏拉图的许多教学思想都开创了教学理论的先河，例如他特别重视学前阶段的教育、教学等。更为重要的是，他将教学对人的作用，进一步深化，认为教学应注重心灵的训练，以发展和完善人的理性，培养以“公道”待人接物，以“理性”支配言行，从而各在其位为国尽力的人。

4. 神学、哲学与理性的合而为一：经院哲学影响下的教学论思想的方法论特征

经院哲学产生于公元八九世纪，是宗教发展至极端的产物。在中世纪基督教会统治人们思想的时代，为了传播教义、巩固统治，就要办教育、办学校以宣传教义。这样，经院哲学将神学、哲学与人的理性统一起来。经院哲学认为神学与哲学、教权与理性是一致的，真正的哲学与基督教的教义应该是吻合的。换言之，真正的宗教便是哲学，真正的哲学便是宗教。经院哲学将哲学与神学糅合在一起，试图运用哲学中理性和逻辑的方法申明教义的合理性。从方法论角度而言，经院哲学引入了一种全新的思维方式，从而形成了既理性又非理性，既有知识又有信仰的神学体系。

经院哲学的代表人物是意大利神学家托马斯·阿奎那（Thomas Aquinas，1225—1274）。他说，“人被安置在一个精神界和物质界的交汇处，人必须具备来自二者的能力”，并强调“人并不仅仅是作心智活动而已，他也有感觉的活动”①。托马斯·阿奎那关于人性的认识是其教学思想的基石。他对人性的理解既有理性的一面，也有神性的一面。他试图调和神性与人的理性之间的对立与矛盾，然而当涉及基督教教义时，他将教育、教学的最终目的依然引导向神性路途。因此，他的教学目的与内容，是理性与神性的统一，其中理性服务于神性。在关于教学过程的论述中，他认为教学没有媒介就无法进行，这种媒介就是符号，即语言、文字等。但是，“感觉性的符号，乃是人用来作

---

① Etienne Gilson. The Christian Philosophy of St，Thomas Aquinas. P. 200、P. 193.

为教学的工具”①，教学的实质就是运用这种方法引导学生的理性，去认识学生未知的领域。

经院哲学的教学论体系是在神性与理性统一的方法论影响下建构的，同样具有神性与理性的特点。有学者如托马斯·阿奎那试图调和神性与理性的矛盾，然最终将理性引入了神学领域。正如列宁所说：“僧侣主义扼杀了亚里士多德学说中活生生的东西，而使其中僵死的东西万古不朽。”② 因此，经院哲学的教学目的与内容是具有神学性质的，理论基础是唯心主义的。尽管如此，经院哲学的教学论思想体系中关于培养学生理性以及理性认识真理的思想，都具有尊重科学的成分，为近代教学思想的理性发展起到了铺路垫石的作用。

5. 前理性时期教学论思想的方法论特征

历史表明：存在决定意识，有什么样的社会存在就必然或迟或早地产生相应的社会意识。但是，这种新的社会意识并非从天而降，而是在旧有的思想园地孕育、生根、发芽的。新旧思想的斗争，在一定时期内表现为同一思想阵营的斗争。在教学论发展的初始里程中，追求人的理性以及理性地认识事物成为教学论讨论的重要主题。这是因为，哲学（包括与神学尚未分开时的哲学）始终将理性作为认识世界、认识人以及追问未解问题的目标与手段，即便在中世纪经院哲学盛行、繁荣的时代里，依然培育了唯物主义尊重理性、尊重科学的花朵，在教学论发展的前理性时期，始终为教学论学科理性的发展以及建立扫清路障、奠定基石。在这一时期，哲学始终推动着教学论思想的不断前进，其方法论特征具体表现如下。

---

① Kingsley Price. Education and Philosophical Thought [M]. Allyn and Bacon, 1967, P. 194.

（[1] Kingsley Price. Education and Philosophical Thought [M]. Allyn and Bacon, 1967.）

② [俄] 列宁. 哲学笔记 [M]. 北京：人民教育出版社，1956：333.

(1) 教学论：以哲学为方法论之基的教学实践活动的经验反思与理性追问

当教学这一实践活动成为人类社会生活中的组成部分并承担着重要的社会责任的时候，人们对教学实践活动的认识就不能停留于经验层面而需要反思与追问。由于当时的哲学是囊括全部学科以追求智慧的，所以当哲学家们探讨世界本原等问题时就不可能不谈及教学问题，并且会在其哲学观的影响下论述其教学论思想。如亚里士多德以其“形式论”为哲学基础阐述其灵魂论，从而提出教育阶段论的主张。如此看来，前理性时期教学论的方法论主要指向于不同的哲学观念，即哲学方法论。黄济教授曾在其《教育哲学》一书中提出教育哲学的一个任务就是“对教育科学中的一些基本问题从哲学的高度，即从方法论的高度给以理论上的阐明”①。可是，当我们回溯过去，回溯教学论思想发展的源头时，就会发现，教学论早已与哲学息息相关，并在哲学的引导下开始发展。这个时候的哲学以方法论的身姿站立于此，影响着人们对教学论思想的认识与理解。

人们对哲学中基本问题的追问以及教学论思想的阐述，并不脱离现实的教学实践活动。从上述梳理前理性时期的教学论思想中，可以发现，人们对教学论思想的阐述在哲学观的影响下，是以教学实践活动为基点的。如苏格拉底，运用谈话法（助产术）实践着他的教学论思想；阿奎那在其传授神学、教义的同时也在进行着教学实践活动。只有进行教学活动的人，才会对教学目的、教学内容、教学手段与方法进行经验的总结与反思。而随着哲学中对世界本原、人的理性及知识等基本问题的追问，教学论思想也开始理性的实践探索。因此，教学论就是对教学实践活动的经验反思与理性探索。当今天追问教学论的理论与实践问题缘何脱节时，就会显得荒谬而不知所措，因为教学论发展的初始阶段，教学论与教学实践活动的关系是如此密切。因此在这里，探究教学论发展的历程显得很有必要。

---

① 黄济．教育哲学［M］．北京：北京师范大学出版社，1985：16.

(2) 追求普遍与共性的教学理论探究

在苏格拉底的理论体系中，所谓知识就是指一种具有永恒性、普遍性的概念体系。而他认为美德是一种善，知识则包含一切善，因此“美德即知识”。他要求人们了解美德、正义等本质，认识道德的永恒性与普遍性，即知识的永恒性与普遍性。这样，根据苏格拉底的教学法，就是引导人们认识心中已存在的知识，永恒的普遍性的善。其实质是把自然与世界的共相提到人们的面前，教导人们去认识一般与普遍。那么，追求普遍与共性的哲学观念从苏格拉底时就已经开始并影响教学论的追求。教学论作为一门关于教学的学问也要追求普遍与共性的认识。到了柏拉图那里，对于普遍与共性的追求进一步深化，柏拉图的哲学观认为现实世界中个别事物不具备真理性，只有理念——共相、概念、普遍的真理才是人类所追求的。因此，教学论对于普遍与共性的追求进一步深入，对教学论学科的理论化与体系化提供了前提基础。

(3) 理性的人与人的理性认识

智者派的创始人之一普罗泰戈拉认为“人是万物的尺度”，可见智者们已经开始将注意力放在人和人事上。但是他们认为人是凭感觉衡量一切，是根据感觉与欲望而行动的。因此，智者派的哲学是以感性、欲望为基础的个人主义、相对主义和经验主义的哲学。[①] 尽管如此，将哲学的视角转向人与人事，而不再单纯地探讨世界本原的问题，本身就是哲学的进步。苏格拉底则批判了智者派的观点，认为智者们没有认识人本身，因为人之所以为人不仅仅由于人具有感觉、欲望等，还在于人能够思维。人有思想、有思维能力，不仅运用感觉等认识自然，更重要的是用思维理解自然，人不仅能感觉到自然界中的个别现象，还能够认识自然的规律，认识宇宙中、社会中的普遍规律，因此，应当将人视为理性的动物。苏格拉底首次揭示人的精神力量，并且发现了人的主动认识的能力，更为重要的是揭示了人的心灵、确切地说理

① 滕大春，戴本博．外国教育通史（第1卷）[M]．济南：山东教育出版社，2005：206．

性的重要地位与作用。因为只有具有理性思维能力的人才能够不断认识自然界、认识社会，去观察、总结与归纳关于自然与社会的规律性、普遍性认识，即理性的认识。教学作为社会系统中的组成部分、一种社会活动，关于教学的认识必然也经由理性的人的理性思维，而得出理性的认识，这是教学论理性发展的必然之路。

（二）理性的启蒙与确立时期

在中世纪经院哲学的苗圃中，孕育并培养了科学与理性的种子。罗吉尔·培根（Roger Bacon，约1214—1294）批评阿奎那的神学体系，认为知识源于对事物的感觉经验，神学理论必须有科学的根据才能具有说服力，而到达科学、获取真理的唯一途径是周密地观察事物。约翰·邓司·斯各特（John Duns Scotus，约1265—1308）主张神学与哲学分离，否则信仰与理性混合一起人们会无所适从。他的学生威廉·奥卡姆进一步将唯名论与感觉论相结合，认为“一般”起源于感觉经验。马克思曾经指出：“唯名论是英国唯物主义理论的主要成分之一，而且一般说来它是唯物主义的最初表现。”① 实在论与唯名论之争尽管在教会的压迫下宣告实在论的暂时胜利，但是关于一般与个别，神性与科学、理性的争论却未终结。进步的思想不可抑制，如洪波激浪，沿着曲折的路途缓缓向前推进。

1. 培根的经验论哲学——理性方法论对教学论的启蒙

马克思指出：“英国唯物主义和整个现代实验科学的真正始祖是培根。在他的眼中，自然科学是真正的科学，而以感性经验为基础的物理学则是自然科学的最重要的部分。……按照他的学说，感觉是完全可靠的，是一切知识的源泉。科学是实验的科学，科学就在于用理性方法去整理感性材料。归纳、

① 马克思恩格斯全集（第2卷）[M]. 北京：人民出版社，1957：163.

分析、比较、观察和实验是理性方法的主要条件。”① 因此，当我们探寻教学论学科的发展之路时，就不能不在文艺复兴与宗教改革的大背景之下，首先讨论培根的科学与理性方法的观念，为教学论学科理性的确立寻找可依循的方法论源头。

培根（Francis Bacon，1561—1626）认为哲学必须与自然科学相结合，才能够对人类有所帮助。他坚信，如果要获得知识与真理：就必须面对客观的现实世界与事实，通过观察、取得感觉经验。培根认为：“赤裸裸的手与无依无靠的理智，都是不能有多大作为的。手需要工具的帮助；理智也是一样，有了工具的帮助才能做成工作。正如手的工具产生运动或指导运动一样，心的工具向理智提供指导或提出警告。”② 可见，培根并不停留于感觉经验层面，而强调感性经验与理性认识的结合。在科学发展隆盛的时代，培根认为经院哲学的陈规旧套已然过时，应该采用新的方法取代。因此，以经验论哲学为基础，他提出了获取知识的新方法就是归纳法，这“是要使理解力凭着真理来解析自然，来发现物体的性质和作用，以及在物质中所具有的确定的法则”③。可见，归纳法是培根用来认识世界、获取知识与真理并启迪心灵与理性的重要工具与法则。当我们掌握了新的方法获得了知识，究竟意义在哪里？培根进一步提出了“知识就是力量”的响亮口号，尽管他的知识局限于自然科学知识，但是在当时的社会背景下，活跃了人们的自由与探索精神，进一步推动了科学发展与理性认识的进步。在论及知识的作用与价值时，培根着重探讨了知识的教育价值以及不同知识所具有的不同价值。知识是形成完善人格的重要工具，不同的知识具有各自的教育价值。他说：“读史使人明智，读诗使人聪慧，演算使人精密，哲理使人深刻，伦理学使人有修养，逻辑修

---

① 马克思恩格斯全集（第2卷）[M]. 北京：人民出版社，1957：163.

② [英] 弗兰西斯·培根. 新工具 [M]. 陈伟功译. 北京：北京出版社，2008：箴言Ⅱ。

③ [英] 弗兰西斯·培根. 新工具 [M]. 陈伟功译. 北京：北京出版社，2008：52.

辞使人善辩。”① 由于知识的不同教育作用，培根立志将知识加以归类，以建立百科全书式的知识体系，分类的基本原则是事物的本质和人的理性能力。这种知识体系的分类对后来学科的确立有重要的影响。

培根并不是专职的教育家，也没有关于教育、教学的专门论著。然而当我们去探讨教学论这一人类知识的组成部分时，就必须去从知识确立的源头去寻找可能的方法论之路。培根关于知识来源于人的感觉经验的思想，摒弃了经院哲学的神学束缚，启迪了人们的科学观念与精神；在感性经验与理性认识的辩证理解下，体现了对人的理性认识的深入发展；更为重要的是，他启蒙了人们对科学、知识、理性的认识，对学科的确立影响深远。

2. 夸美纽斯的《大教学论》——理性方法论的确立

人们在论述教学论发展的历史时，永远无法回避的就是捷克教育家夸美纽斯的《大教学论》。在夸美纽斯看来，德育、智育、美育都要通过教学来完成，因此，狭义的教育（education）不能表达其含义；而教育学“pedagogy”一词由古希腊教仆“paidagogos”演变而来，教仆虽然也有知识，但远不如古希腊的教谕“didascalos”所拥有的知识和技能那样多。因此，跟 Pedagagy 一词相比，didactica（教学论）一词的意义在古希腊指的是一种更高级更熟练的有学识的劳动。由此看来，夸美纽斯的《大教学论》不仅在当时更容易为人接受，还为教学思想确立了学科地位。

人们认为《大教学论》标志着教学论成为一门独立的学科，其理由是《大教学论》是西方第一本教学论专著，并且将反映教育教学这一复杂事物各种属性和关系的概念与范畴构成一个理论体系。它的内容涉及教育目的与作用、教学内容与方法、教学原则、教学的组织形式、开学、放假、学年计划、考试、教师等等，由这些教学的基本概念和范畴，组成了相对系统与完整的

---

① ［英］培根，培根论人生——培根随笔选［M］．何新译．上海：上海人民出版社，1983：13.

理论体系。而在此之前，关于教学的论述，都是比较零散的。夸美纽斯是感觉论者，他受自然哲学与经验论哲学影响颇深，十分推崇培根的《论科学的价值与发展》一书，认为归纳法是探求自然奥秘的途径。因此，他认为在感觉中没有的东西，在理智中也不会有。从这一基本观点出发，他确立了比较符合人的认识规律的教学理论。我们知道，教学过程或学生的学习过程实质上是一种认识过程，这在相关教学论中已有论述。夸美纽斯以自然哲学和经验论哲学为理论基础，提出一切只是以感觉为开端，“知识的开端永远是从感官得来的”①。相比较以往关于教学的认识，可以说他将教学过程的分析推到了一个新的阶段。夸美纽斯对于教学论的贡献也不尽于此。他主张人人都有权利享受教育，“不仅有钱有势的人的子女应该进学校，而且一切城镇乡村的男女儿童，不分富贵贫贱，同样都应该进学校”②。这样，他将教育对象普及化。中世纪漫长的宗教统治，把笃信教义作为教育的主要目的。而夸美纽斯主张过好现实的生活，将医治社会病痛作为其教育的主要目的。这是教育目的的世俗化。在教学组织形式方面，夸美纽斯则确定班级是教学活动的基本单位，并以此制定学年制等，还根据不同的学科内容进行符合自然与学生心理的教学。这些无疑都推动了教学论思想进入了新的阶段——教学论的近代化阶段。

更为重要的是，当时教学实践活动的发展以及唯物主义哲学、其他各门学科的发展，使得夸美纽斯对于教学活动的认识能够进行合乎规律的理性的判断与审视，从而使教学论从对教学现象的描述转向理论的论证，进一步提高了教学论理论化与科学化的水平。夸美纽斯对于教育、自然、社会与人的关系进行了新的探索与论证，试图寻找教育、教学的规律性。这是教学论学科科学进程的重要一步，是标志着教学论学科理性确立的具体表现。总之，

---

① ［捷克］夸美纽斯．大教学论［M］．傅任敢译．北京：人民教育出版社，1984：156.

② ［捷克］夸美纽斯．大教学论［M］．傅任敢译．北京：人民教育出版社，1984：52.

夸美纽斯的《大教学论》作为教学论学科发展上的独立标志，不仅仅是源于他关于教学的认识突破了以往的观念，更为关键的是在唯物主义哲学的基础上，教学论的发展逐渐朝着科学与理性的方向迈进。因此，当我们谈及《大教学论》时，要把它视为教学论学科独立的标志，也要明晰它是教学论科学与理性之路的原点。

3．教学论学科独立与理性确立阶段的方法论

中世纪末，虽然经院哲学下的经院主义教育仍然占据统治地位，但是已经受到自然科学技术和工商业发展的冲击，不能满足新兴资产阶级对于教育、教学的需要，从而出现满足资产阶级需要的教学论体系。另一方面，宗教影响依旧深远，使得当时的人们并不能完全摆脱宗教信仰与束缚，教学论思想依然具有宗教色彩。如夸美纽斯认为教育的最终目的在于使人为来世的永生作准备。同时，受宗教改革和文艺复兴的影响，这一阶段的教学论思想具有开拓近代教学论思想的特征，具有人文主义的特点。因此，本阶段的教学论思想充满着矛盾与斗争，反映了理性的启蒙与确立时期教学论思想方法论的不稳定性。

（1）唯物主义哲学方法论

随着近代自然科学的发展以及适应资本主义发展的需要，关于人的认识、如何认识有了进一步的发展，出现了唯物主义哲学。唯物主义在中世纪以前就已萌芽，人们对世界本原是什么的追问，回答以“水”“火”等自然元素时，就是朴素唯物主义的表现。近代以来，在反对经院哲学和总结当时科学成就的基础上，人们展开了对自然、世界的进一步认识。如培根概括了观察、实验和归纳等认识自然界的方法，认为人的认识是以观察与经验为基础的。唯物主义哲学强调哲学的对象是客观存在的物质实体，而物体不依赖于人们的思想，是世界上一切变化的基础。唯物主义哲学将认识起源于感觉、经验的观念阐述得淋漓尽致，这不仅与当时的自然科学发展有关，还体现了人们认识的发展，即开始追问认识的源头。科学是统一的知识体系，是相互联系

的统一整体。因此，培根主张将科学知识按照事物的本质和人的理性能力分为若干类。这种科学知识体系的分类，为教学论这一对教学现象和教学活动进行描述的学科奠定了前提条件与基础。如果没有对知识体系的系统分类，教育、教学就依然会附着在哲学等知识体系内。换言之，唯物主义哲学观指导下的知识分类体系为教学论学科的确立创立了前提条件。另一方面，唯物主义哲学主张认识起源于人的感觉经验，自然界中的物质是实在的，是一切变化的基础。因此，教学应该顺应自然以及直观教学等原则都是唯物主义哲学方法论对教学论思想影响的映射。

在当时的社会条件和文化背景下，唯物主义哲学对教学论的学科确立与发展起了重要的推动作用。教学论脱离于哲学这个大的范畴开始独立发展，仍然不能也不会摆脱哲学作为方法论的重要影响。当然，近代自然科学处于形成和发展的初期，自然科学中的机械力学占据首要地位，与此相比其他自然科学还不很成熟。这样，当时的实践和科学技术的发展水平决定了人们只能主要用机械力学的原理来论证世界的物质统一性。因此，当时的唯物主义哲学带有机械性、不彻底性等特点，这在教学论思想中也有体现。如夸美纽斯主张教学内容既有宗教知识，又有世俗知识；既有古典科目，又有现实科目；既有自然科学知识，又有落后迷信的传统说教。这种矛盾体现了他所处时代的过渡性质以及方法论的不稳定与不彻底性，脱离了人的社会性与历史性而机械地将世界、自然界归为物质的简单运动，所以后人将这一阶段的唯物主义哲学思想称为机械唯物主义。

（2）教学论思想的理论化与体系化

夸美纽斯建立了教学论的理论体系，并系统地阐述了教学论的基本思想，赋予了教学论全新的生命力。在古希腊时期，教学理论乃至整个教育理论蕴含在哲学理论体系中，尚未形成单独的专门学科。古罗马的西塞罗总结了培养演说家的理论，但是也不是关于教学理论的单独体系。而到了中世纪，一切科学知识成为了“神学的仆役”，教学论自然也无从谈起。文艺复兴运动以来，人们解放思想，恢复对人性与自由的追求。教学论正是在这种背景下开始发展的，可以说，时代需要总结教学思想与理论，而教学论的学科确立也是时代的结晶与产物。夸美纽斯的教学论思想体系不仅适应时代的需要，更是满足了教学论本身发展的需要，从方法论角度而言，是人们对于一般与普遍追求的结果。如前所述，对于普遍与共性的追求从苏格拉底、柏拉图开始，至近代以来，为教学论的理论化（追求普遍与共性）和体系化奠定了方法论的根基。

当教学论作为一门独立学科形态而存在，就开始出现了专门从事教学论研究的人员。以往的教学论思想，由于是附着在哲学理论范畴内，始终受哲学方法论的影响。而随着近代自然科学技术的进步，以及教学论发展的需要，教学论研究的方法论已经不能局限于哲学方法论，专门对教学现象以及教学理论研究的人们开始拓宽视野，探索推动教学论发展以及适合教学论本身所应该具备的方法。但是哲学作为方法论，始终指导着教学论学科的发展方向。因此，本研究仍然将方法论限于哲学范畴内，探讨哲学方法论对教学论的影响和作用。

（三）理性自觉时期

从 17 世纪英国资产阶级革命起，至 19 世纪 60 年代末，是教学论学科发展的理性自觉时期。这一时期是世界各国发生巨大变化的时期。社会的经济、政治、意识形态的深刻变化和科学技术的迅猛发展，都对教育事业和教育、教学观的发展产生了重大影响。这一时期在英国、法国、德国、瑞士、俄国等地都出现了杰出的教育理论家和系统的教育、教学理论著作，教学论作为一门独立的学科日趋成熟。这些教学理论著作，使得人们的教育观、教学观发生了变化，奠定了近代教学论学科理论体系的坚实基础，并深刻地影响着教学论学科的发展。本研究并不打算详述相关教育思想家的教学论思想，仅仅根据论题的需要分析对教学论学科有重要影响的教学论研究，看一看这些教育思想家是如何在哲学观方法论的引导下，认识、理解教学论并推动教学论发展的。

1. 理性主义视域中的教学论学科建设

当谈及理性主义，就不能不首先谈到德国古典哲学家康德（Immanuel Kant，1724—1804）。康德被认为是从理性主义的角度进行教育学研究的第一人。[①] 康德明确认为“教育是一门艺术”，认为这门艺术很难，其运用需要和“判断的功夫”结合起来，否则就会变成“机械的”东西。[②]“真知灼见固然需要教育，教育亦要靠真知灼见。”[③] 在这里，所谓的真知灼见是明确真实的概念，实际上也就是理性的知识与态度。对此，康德曾认为，“教育一定要成为一种学业，否则毫无希望”，“教育的方法必须成为一种科学”。[④] 这样，康德赋予了教育新的理性内涵，强调“教育要成为一种学业”以及“教育的方法必须成为一门科学”，体现了他的理性主义思想；他对理性的知识与态度的追求以及寻求明确真实概念的思想对教育学的发展产生重大影响，给予他的哲学教席的继承者——赫尔巴特以直接的影响。

赫尔巴特（Johann Friedrich Herbart，1776—1841）被认为是世界教育学史上不朽的人物。[⑤] 在如何认识教育、教学的问题上，他继承了康德的理性思想，反对遵循自然与依赖经验。他说：“但愿那些很想把教育基础仅仅建立于经验之上的人们，对其他的实验科学做一番深深的考虑；……他们也许会了解，从一个经验中学不到什么。而从各种分散的观察中同样也学不到什么

---

① 石中英．教育学的文化性格［M］．太原：山西教育出版社，2001：22．

② ［德］康德．康德教育论（国难后第1版）［M］．瞿菊农编译．上海：商务印书馆，1933：10．

③ ［德］康德．康德教育论（国难后第1版）［M］．瞿菊农编译．上海：商务印书馆，1933：9．

④ ［德］康德．康德教育论（国难后第1版）［M］．瞿菊农编译．上海：商务印书馆，1933：10．

⑤ 赫尔曼·诺尔曾以“不朽的赫尔巴特”为题发表过纪念演说，详细内容参见［德］赫尔巴特著，李其龙译：《普通教育学·教育学讲授纲要》北京：人民教育出版社，1989：373．

东西。"[①] 由此，赫尔巴特主张必须有一种教育者自身需要的科学，有科学和思考力、理性与判断力，才能够保持教育学科的独立性。"假如教育学希望尽可能严格地保持自身的概念，并进而培植出独立的思想，从而可能成为研究范围的中心，而不再有这样的危险：像偏僻的被占领的区域一样受到外人治理，那么情况可能要好得多。任何科学只有当尝试用自己的方式并与其临近科学一样有力地说明自己的方向的时候，它们之间才能产生取长补短的交流。"[②] 如何使学科保持独立性，并说明自己的方向呢？什么是自己的方式？显然不是经验或者遵循自然一类的教育实验，赫尔巴特认为是教育学要有自身的概念。"普通教育学必须把论述基本概念放在一切论述之前。"[③] 他说："为了努力达到科学的统一性，思想家们常人为地误将许多就其性质来说并列在一起的事物勉强包含在一起，推出相互关系来；甚至误入这样的错误境地：从知识的统一性中推导出事物的统一性来，而且以前者的统一性来假定后者的统一性……假如注意一下教育研究必须得出的结果，以便使该结果完全可以得到应用，那么我们就会被驱使去要求和假定教育研究结果不可能没有这种可能性，并且在其中还希望获得教育原则的。所以问题是多方面的：第一，假如这种统一性原则确实存在的话，那么人们是否知道在一个概念上建立一门科学的方法？第二，事实上存在于那里的这种原则是否真正产生一门完整的科学？第三，这种科学的结构以及它所产生的这种观念是不是唯一的，或者是否含有其他的，即使不太适当但却是自然的，不能完全排斥的成分？"[④] 由此可见，赫尔巴特试图把教育研究的复杂性与整体性，教育原则与教育思

---

① ［德］赫尔巴特．普通教育学·教育学讲授纲要［M］．李其龙译．北京：人民教育出版社，1989：373.

② ［德］赫尔巴特．普通教育学·教育学讲授纲要［M］．李其龙译．北京：人民教育出版社，1989：10.

③ ［德］赫尔巴特．普通教育学·教育学讲授纲要［M］．李其龙译．北京：人民教育出版社，1989：192.

④ ［德］赫尔巴特．普通教育学·教育学讲授纲要［M］．李其龙译．北京：人民教育出版社，1989：35.

想的统一性以及教育概念的基本性结合起来加以考虑。教育概念的基本性保证了教育原则与教育思想的统一性，教育学的整个理论体系就是建立在基本的概念的基础上的。没有教育学中的基本概念作为基础，人们对教育的研究与认识就会永远停留于经验水平层面，不能像当时的许多独立学科一样，成为一门真正的科学。

总之，赫尔巴特的教育学观是非常明确的，那就是把教育学变成由一些基本概念组成的知识体系，这就是科学的教育学。这里，尽管我们讨论的是赫尔巴特的教育学观念，其实质也是他的教学论观。因为在赫尔巴特自己的论著中，关于教育、教学也是常常混淆使用的，这是源于他的教育性教学的思想。在伦理学和心理学的基础上，赫尔巴特尝试着将教育与教学、知识与道德相统一，建立起教育学的理论框架。他提出的教学阶段论，试图将教学过程与学生的心理活动联系起来，要求教师的教学方法、教学形式均以此制定，这是对教育心理学化的有力推动；以心理学为基础进行教学研究，体现了当时的科学进步对教学过程认识的深化，对于教学理论的发展起了积极作用。赫尔巴特对于教育学以及教学论最重要的贡献不在于其理论体系建立于实践哲学以及心理学基础之上，而在于他明确表示对教育、教学问题进行哲学探究的同时，“更希望其尽可能地对哲学分支保持独立性”，并且明确提出用自己的方式保持教育学科独立的方法问题，这在人类教育认识上第一次清晰地规范了教育研究的方式和研究方向，为后人提供了典范。

教学论学科发展在以理性主义为方法论的指导下，以追求理性与科学的教学论为目标进行了理性的探索过程。至 19 世纪末，教学论学科的理性发展至极端，其代表性事件是赫尔巴特主义的传播。赫尔巴特主义的代表人物包括齐勒（Tuiskon Ziller）、斯托伊（K. V，Stoy）、约夫尔（Christian Ufer）、赖恩（Rein）等。其中赖恩于 1886 年开始举办赫尔巴特理论的教育学研究班，成为传播赫尔巴特理论重要人物。赖恩为教师和教师培训提供了论述清晰而又系统有序的、有效地联系课堂教学实际急需的教育理论。他的教育思想与赫尔巴特一脉相承，秉承了赫尔巴特兴趣分类及课程分类的观点，提出了集中的课程设计概念；理顺了赫尔巴特提出的教学阶段论等。

在理性主义视域下，教学论学科获得了一种最初的学术规范与理论形式，并对今天的教学论研究依然产生重要的影响，推动着教学论发展至今天。其以教学论中概念的独立性、统一性为基础，以教学研究思维方式的演绎性和教学论学科知识的统一性、系统性为基本特征，揭开了教学论研究体系化的序幕，开始了教学论学科发展的理性与科学之路。在理性主义的研究范式下，教学论的研究从大量的教育、教学日常活动中以及常识性认识活动中区别出来，与哲学、政治、文学等学科区别，成为一种专门的学问。直至今天，我国的教学论研究依然为建立一套严密的概念体系而孜孜不倦地追求。近几十年关于教学论的研究中，也时常听到教学论要建立自身严密体系的声音，关于教学论的基本概念、逻辑起点、范畴体系也成为学者们研究的主要内容。

2. 理性主义视域之外的教学论发展

有人认为，“19 世纪教学思想中出现的赫尔巴特学派扩张了社会训练和政治服从的道德理性，形式上的个人主体价值在日益充实的科学理性氛围里被纳入到非主体目标的追求，但就教学论而言，它的举足轻重的影响地位一直到 20 世纪教育觉醒也没有被击垮”①。如果说理性主义视域中的教学论发展因为追求系统化的理论体系与基本概念的明晰而呈现出浪漫的、理想的气息，那么这种气息很显然是描述着书斋式的理想。而在 18、19 世纪整个教学论发展的历程中，一批教育家、教育思想家仍然奏响着不同的教学论音调。

福禄培尔（Friedrich Wilhelm August Froebel，1782—1852）受克劳塞关于“万物都是神的精神的象征”思想的影响，在儿童心理学的基础上建立起以内在天赋力量的自然展开与儿童的自我主动性自我活动、自我表现相结合的教学思想。这种由内在天赋展开的自动显然与理性主义指导下的教学主动是不同的。他强调发展自身的精神力量以获取新知识，从中可以看到后来教

① 杨启亮. 困惑与抉择——20 世纪的新教学论［M］. 济南：山东教育出版社，1995：35.

学论思想中重视智力和发展的早期端倪。同时，他还注重选择最富激励自我活动的儿童游戏进行教学，强调手工教育。这些不仅影响后来的教学论思想，为后来的教育思想家所肯定和接受，且逐步影响到小学乃至中学课程的设置。德国著名的民主主义教育家第斯多惠（F. A. W. Diesterweg，1790—1866）并不局限于理性主义的研究框架，在吸取古典哲学辩证法思想与自然科学的理论中，总结自身的教育实践经验，形成了较为完整的教学论体系。在现实与理想之间，他选择将教学理论与教育实践经验结合起来。他认为教育学不单纯是理论的体系，也是从实际教学经验中总结出来的法则的综合。由于他富有实际教学经验，使得他关于教学理论的一系列论述有着很强的实践性，避免了空泛性与思辨性的思维演绎。他的教学理论已经明确为揭示教学规律与规则的科学。① 他将教学理论系统化与原则化，提高了教学理论与原则的研究水平。

乌申斯基（1823—1870）的教学论主要是建立在教育心理学和教育心理哲学基础上的。因此，对于教学过程等教学基本理论问题就有了不同的心理分析。他在其《人是教育的对象》一书中探讨了教育科学的理论范畴，阐释了教育科学的理论基础以及教育科学的理论性与实践性。在论述教育科学的基础上，乌申斯基认为教学论是教育学课程的“一半”②。他系统地阐述了教学目的与内容、教学过程的本质、教学的基础、教学原则、教学制度等基本内容，构建了较为完整的理论体系。他将心理学作为教学论的主要基础，从而创建了俄国古典教学论的完整体系。从这种意义上来说，这已经是具有一般意义的教学论理论体系。

---

① 第斯多惠关于教学论的论述，主要反映在他的《德国教师教育指南》一书中。书中第一卷，他着重探讨教学论的研究对象，并且总结了影响教学规律与原则的内部因素，从而探讨了一系列教学基本理论问题。

② 任钟印，李文奎. 外国教育通史（第 3 卷）[M]. 济南：山东教育出版社，1990：403.

3. 理性自觉时期教学论学科的方法论特征

理性自觉时期的教学论学科的发展，理性主义作为方法论推动教学论成为一门系统的理论学科。在这一时期，理性主义占据着统治地位，并且对教学论学科的发展发挥着深远的影响作用。那么，在理性主义占据主导地位的方法论前提下，教学论学科就确立在基本概念基础之上，具有理论系统性特征，并且随着社会的发展与科学技术的进步逐渐拓宽支撑教学论学科的理论基础。在这种前提下，教学论学科研究主要是以思维的归纳与演绎为主要的研究方法。当然，在理性主义为主流的教学论学科发展历程中，此阶段的教学论也存在着倾向自然适应与重视学生个体的思想，这与理性主义指导下的教学论强调社会与重视文化的倾向有所冲突。这种冲突反映了教学论学科发展的轨迹与流变，也彰显着教学论学科发展中所面临的分歧与困惑，这些分歧与困惑使得教学论在矛盾与斗争中不断前进。

教学论发展的理性自觉时期，是自然科学发展的时期。自然科学已经发展成为了实验科学。康德曾大力提倡实验方法论在教育学中的应用，并且在裴斯泰洛奇以及赫尔巴特的教学思想中有所表现和继承。特别是康德对理性的理解与重视推动了黑格尔的概念方法论，从而使得赫尔巴特在此基础上建立了以概念为基础的理论体系——教育学概念体系。这是概念方法论对教学论的影响——理论性和思辨性的增强。其实，从夸美纽斯开始，许多教学论思想家都将自然视为教学的基本原则，在尊崇自然的基础上将自然法则视为建构教学论思想的理论基础和方法论指导。然而，在概念方法论指导下的赫尔巴特则将教学论思想建立在概念基础上。他认为，完全遵循自然，实现“自然人”的理性是极其困难的事情。

教学论的理性自觉时期，实验科学如物理学和化学已经有了长足的进步，因此，在实验科学基础上建立教学论也是十分自然的事情。赫尔巴特则对这种建立在实验基础上的教育学、教学论研究进行了具体分析，认为建立在实验基础上是不切合实际的，不谨慎的。另一方面，此时期作为有重要影响力的教学论思想——赫尔巴特教学论是建立在观念心理学基础上的。观念心理学是研究观念的出现、结合、消散的科学，这就决定了教学论理性自觉时期的方法论具有形而上性质。当然，在理性发展之外，依然存在着关注儿童的教学论声音。在理性自觉时期，教学论的主题仍以知识为主，教师为主。理性之外的声音在随后的发展中，促使教学论陷入了迷茫，并最终走出理性的困扰，进入重新理性发展的时期。

（四）理性困惑时期

欧洲的新教育运动和美国的进步主义教育等在 19 世纪末 20 世纪初教育、教学的矛盾与斗争、困惑与抉择中开始崛起，形成了现代教育的潮流，冲击、影响并丰富了教学论学科的发展。上述持续流变的教学论发展轨迹在此阶段呈现出不同的特色，在理性与非理性的道路上，教学论学科面临着更多的困惑而呈现出茫然的状态。不仅仅是科学技术的进步对教学论研究领域的影响，更重要的是教学论学科本身的哲学方法论出现了新的特征与流派。

1. 实证主义研究范式下的教学论学科发展

在 19 世纪末，欧美各国出现了一个反对“哲学的教育学”，提倡“科学的教育学”的浪潮。[①] 他们所反对的哲学教育学就是理性主义视域下的曾被认为是科学的教育学体系，而提倡“科学的教育学”就是在实证主义框架下的教育学。实证主义产生于 19 世纪 30 年代的法国，后来波及其他西方国家，成为一种颇有影响的哲学派别。实证主义对教育以及教学论产生了巨大的影响，从某种意义上说，实证主义开创了西方现代哲学的科学主义思潮，后来的逻辑实证主义以及马赫主义等都可以说是实证主义的演变。实证主义哲学继承并发展了培根以来的经验论传统，提出了科学与“形而上学”的划界。

---

① 石中英. 教育学的文化性格 [M]. 太原：山西教育出版社，2001：30.

“由于教育理论在很大程度上依赖于科学，所以人们会不由自主地把它描述为科学，与人文主义的文学性的教育理论相对照。但是，这种表述会引起，而且已经引起了混乱。充满笛卡尔精神的教育理论也被认为是科学的。我们已经明白，我们正在研究的理论同这种理论有多么大的区别，因为笛卡尔注意的教育理论就如同产生它的人文主义教育理论一样，是孩子们面对纯粹的抽象，面对完全是臆想出来的统一体。……可以将正在研究的东西称为现实主义的教育理论。这很显然表示出它与人文主义或笛卡尔主义教育理论之间的反差。它们各自趋向于极不相同的两极：一个趋向于抽象的人，另一个趋向于真实的世界，趋向于事物。”① 由此看来，实证主义哲学坚持科学应以经验或现象的观察为基础，而不应以纯粹的概念思辨为基础；科学研究的目的是获得实证的知识，因此研究方法应该是采取实证的方法。这种主张对当时整个西方产生了巨大的影响。各门学科开始反思自身的发展历史，检查自己学科的发展是否已经达到了实证的科学阶段，由此出现了实证的社会学、经济学以及教育学、教学论思想。

法国著名的社会学家迪尔凯姆（Emile Durkheim，1858—1917），又译为涂尔干，在实证主义哲学指导下，强烈反对将社会、教育与人之间的关系当作抽象的存在加以研究，强调运用调研、实验等手段研究具体的教育制度、教育活动和具体的个体与社会之间的复杂关系。他认为这虽然是一段艰辛而漫长的道路，却是教育学科学研究的必由之路。他指出了那个时代教育学所应该努力的方向，即实证主义方向。与涂尔干不同却又坚持实证主义道路的代表人物还有德国的赖伊（Wilhelm August Lay，1862—1926）和梅伊曼（Ernst Meumann，1862—1915）。1903 年赖伊出版《实验教育学》系统阐述了教育实验，从纯生物体的理解角度研究教学心理以及方法的选择。他批判旧有的教育学理论，认为以知觉、内省的观察为依据的教育学对于正确地揭示教育的规律，提高教育教学效率和质量来说是远远不够的，必须凭借广泛

① Emile Durkeim，The Evolution of Education Thought[M]. Translated by Peter Collins，R. k. p. ，c1977，P. 291.

的观察、实验和统计技术来建立新的教育学理论体系。1907 年梅伊曼出版《实验教育学入门讲义》，从生理和实验的角度建构与教育学平列的教学论。他从超社会性的实验室心理科学范畴提出了教学课程选择、方法确定、智力发展探究等许多有启发性的观点。他受冯特的实验心理学的影响，认为教育学要想获得可靠的知识，就必须从概念思辨的传统中解放出来，向自然科学家那样，进行严格的控制性实验。由此可见，赖伊和梅伊曼都是通过实验心理学和教育心理学走上实证主义的道路，而建立科学的教育学与教学论体系的。

实证主义哲学对教学论基本理论问题的回答是：教学论是可以并且应该成为一门科学的，即研究和揭示教学现象与规律的实证科学；教学论的科学化，就必须脱离原有的概念思辨的旧的研究思路，因为旧有的教学论研究所获得的知识是虚妄的、教条主义的；教学论研究的对象应该是具体的教学现象或教学事实；研究方法应该是实验的方法，提倡对教育、教学现象有系统的观察、统计与分析；教学论研究的目的是形成科学的且实证的教学论知识。应该说，实证主义相对于理性主义指导下教学论的纯粹概念思辨的研究是有合理性的。无论实证主义追求的科学是否与理性主义所追求的一致，如果教学论研究还要朝着科学与理性的道路发展的话，就必须从教学现象、教学事实出发，以此为基础进行教学论知识的理论建构，从目前已有的教学论研究成果来看，对当前中国的教学论研究仍有重要的借鉴与启示作用。当然，实证主义哲学从方法论角度而言也存在着重大的问题：首先，它在反对理性主义概念思辨的同时基本否定了理性思维在人类真理性认识中的重大作用。① 尽管理性主义指导下的概念思辨存在着问题，但是一味的否定、非此即彼的哲学态度并不符合辩证法，容易倒向唯心主义或机械的唯物主义。其次，实证主义将实验、观察等自然科学方法作为教学论研究的唯一方法也是不恰当的。因为教育现象、教学现象与自然现象不同，它们之间存在着质的区别。因此，

---

① 石中英．教育学的文化性格圣雄［M］．太原：山西教育出版社，2001：38-39.

只讲统计、观察、实验等自然科学方法，只能对教学论进行量的研究而不能进行理性的质的分析，是不符合教学现象与教学事实的本质的。

2. 教育哲学对教学论学科发展的方法论影响

如果说实证主义哲学主要是以心理学为路径进行教学论的建构，将教学论学科的发展朝向科学与理性进一步推动，那么 20 世纪初新传统教育与进步主义教育的冲突，则是由于哲学的缘故，特别是教育哲学。教育哲学从哲学与教育学中分化出来建构为一门独立的学科，起始于 1848 年德国罗森克兰茨（K. Rosenkranz，1805—1879）的《教育学体系》，此书英译名称为《教育哲学》。20 世纪初，教育哲学得到进一步发展，1899 年德国那托卜（P. Natorp，1854—1924）的《社会教育学》以新康德主义马堡学派的严格逻辑方法作出了建立哲学教育学的努力。1916 年杜威（John Dewey，1859—1952）的《民主主义与教育》开拓了接近于实证论的经验、实验、工具主义的教育哲学新体系，此书副标题为“教育哲学导论”。由此可见，在 20 世纪上半叶教育哲学相对发展得较为充分。

（1）精神科学的教育哲学

当实证主义哲学提出自己的教育主张，提倡教育学以及教学论走上客观、精确的道路时，精神科学的教育哲学从另外的角度对理性主义的教学论主张进行抨击，并极力与实证主义划清界限，提出自己的精神科学的教学理论。作为精神科学教育哲学的先驱，狄尔泰（W. Dilthey，1833—1911）首先提出了精神科学的概念，从历史理性批判入手，探讨精神科学方法论，标举精神科学的独立性。他认为精神科学与自然科学是两类在研究主题和研究方法上极不相同的科学，由于研究主题不同，研究方法也必然有区别。他的观点的实质就是为将精神科学作为一门科学争取独立的学科地位，也就是说他并不否认精神科学是一门科学，却反对将精神科学视为与自然科学一样的存在。在此基础上，他批判了理性主义的教学论思想，将赫尔巴特的教育学称为“没有人的教育学”。他说：“一种热衷于追求抽象的普遍有效的理论，肆意强行作用于充满生命意味社会的历史性秩序。对此，我们不能熟视无睹，而要以全新的教育观念展开对那种今天仍然钳制着我们的教育学的批判，这愈来愈具有极其现实重大的意义。”① 其中他所说的“全新的观念”就是精神科学的哲学观。

斯普朗格（E. Spranger，1882—1963）从精神科学的心理学和文化的角度观察、建构起他的文化哲学。他认为文化是人在适应和改造环境的过程中所取得的总的成就。由文化哲学的立场出发，他通过深刻把握教育、文化与人的关系对理性主义的教育学进行了批判，为使教育理论、教学论摆脱形而上学的抽象思辨以及对心理学的过分依附作出了重要贡献。斯普朗格认为，教育、教学作为一种特殊的人类精神活动，并不是孤立的，而是与人类的其他文化现象有着内在的整体的联系。教育教学活动在它的历史发展中，承担着人类的文化保存、文化传承与文化创造的使命。因此，理性主义的弊端在于把个体从丰富的文化关系中抽离出来而进行抽象逻辑的演绎，从而不能把握教育的本质；实证主义则用认识“物”的方法来认识“人”，也不能把握作为一种文化存在的人的本质。

李特（T. Litt，1880—1962）从人与文化存在的历史性出发，认真地研究了历史上存在的关于教育学、教学论的主张。他认为真正科学的教学理论应该在历史所赋予的人、文化、教育的整体关系中把握人的发展，教育的本质是利用各种精神力量来培育人性。在教育教学活动中，对于教育教学目标的设定不能也不应该是绝对的，而是当时历史条件下的产物。这样，他以基于现实但却不限于现实的思考方法，将教育学、教学论的观点定位为更高层次上的整体结构，提出了“教育学是教育实践之术而非学术之学术”，以及“教育学必须既是规范性的又是实践性的，既是理想的又是现实的主张”，明确提出“教育学即是理想，即是精神的一般趋向”的命题。

精神科学的教育哲学作为批判理性主义与实证主义的哲学流派，表明了

---

① 邹进．现代德国文化教育学［M］．太原：山西教育出版社，1992：46.

人们对教育问题、教育学科的深入认识。综合地来看，精神科学的教育哲学，其哲学观是围绕着生命与人生，对抗观念论的理性主义和唯智主义的，这样就与“回归自然”“非理性主义”有些渊源关联。其教育观则围绕着社会与个人、科学教育与人文教育、理性与非理性整合的思路构建，这样就把握住“完整人格”教育的颇有远见的目标。[①] 其对于教学论的影响：教学应该作为一种社会历史的存在，是一种价值的事实，应该作为精神科学的研究领域，而不能成为自然科学的研究领域；获取教学论知识的客观性与完整性的必要前提是运用体验、理解等精神科学或解释学的方法，而不是运用实验或统计的自然科学方法。只有运用前者方法才能把握教育、教学的本质，理解历史性、文化性等特征而不至于沦落成自然科学那种冷冰冰的研究。教学论的发展必须从历史的整体关联出发，并回到这种关联再去寻求教学论的确定性的科学知识。

（2）进步主义教育哲学

进步主义教育哲学是因为传统教育与现代社会的变革之间的矛盾而产生的。它的目标是改造旧有的课程内容、教材编制以及教学方法，最根本的是批判传统的教育教学指导思想。进步主义教育哲学在随后的发展中逐渐分化为左右两派：以儿童为中心和个人主义的是右派；自 20 世纪 30 年代后强调介入社会问题、合作、民主、社会责任等的为左派。后者也被称为社会改造主义。即便是进步主义哲学的最重要的代表人物杜威，在 20 世纪 30 年代后也对自己之前的观点进行了批判性的改造。

杜威顺应时代的进步与发展，以及工业革命的趋势，批判了传统教育的做法。在哲学上，他继承并发展了詹姆士的实用主义哲学并将其运用到社会事务与教育领域中。“在杜威的教育哲学乃至一般哲学中，‘经验’是个最最

---

① 杨启亮. 困惑与抉择——20 世纪的新教学论［M］. 济南：山东教育出版社，1995：108.

重要的名词。"[①] 他认为经验是人的有机体与社会环境相互作用的统一体，行为与结果之间的连续不断的联系和结合形成了经验。同时，他指出"精神和物质两者属于同一个东西，这就是那些构成自然的事件的复合"[②]。这样，杜威就将自然界的一切都说成被经验的东西，否定了物质世界不依赖于人而客观存在的事实。从其实用主义经验论出发，杜威论证了一系列重要的教育教学基本问题。"教育就是经验的改造或改组，这种改造或改组，既能增加经验的意义，又能提高后来经验进程的能力。"[③] 这是杜威从其实用主义经验论出发对教育所作的定义。杜威主张教育无目的，曾为此饱受批评与指责。杜威所谓的教育无目的是指教育没有一个终极的、固定的、一般的目的，没有预先设定的外在的目的；教育要促进儿童不断地生长、不断地发展，且这种生长和发展要有助于继续的生长和发展，这便是教育的目的。在杜威看来，教育的目的就是建立"民主的生活方式"和培养、训练"科学的思想方法"以适应变化的环境。在课程内容的设置上，杜威主张"活动的课程"，强调直接经验，重视儿童应付现实能力的培养。在他看来，课程的逻辑组织与心理组织应服从于课程所要达到的教学目的。最重要的不是教材本身，而是在教学中如何组织。在师生关系方面，地位从其变化的宇宙观出发，否认绝对权威的存在，对传统教育无视儿童的兴趣与需要、压抑儿童个性的"教师权威"提出批判，认为儿童的经验与本性、兴趣与需要是一切教育活动的出发点。同时，对教师的作用提出了新见解，杜威认为，对儿童的兴趣，教师有责任帮助并指导儿童对兴趣的筛选，对于儿童的经验，教师也有指导的责任，并提高了教师在学生学习中的指导和组织作用。也正是因为杜威对儿童经验与本性、兴趣与需要的关注，使得他长期被定义为"儿童中心论者"。

---

① 曹孚著，瞿葆奎等选编．曹孚教育论稿［M］．上海：华东师范大学出版社，1989：561.

② 洪谦．西方现代资产阶级哲学论著选辑［M］．北京：商务印书馆，1964：200.

③ ［美］杜威（Dewey，J.）．杜威教育论著选［M］．赵祥麟，王承绪编译．上海：华东师范大学出版社，1981：159.

"杜威在教育中的影响的本质是什么呢？也许最重要的影响是他建立了一种思维的特殊气候。在其文献理论上，如果还不是在其实践上的话，教育在本世纪初和第一次世界大战之间，已从赫尔巴特主义移向杜威主义。这是一种静态观点向动态观点的转移。杜威的教育世界是个活动的和过程的世界，其中学校教育的真正内容不是事实的获得而是获得事实的智力过程以及随之发生的态度和习惯。"① 这种较为客观的评价实质上说明了杜威所代表的进步主义教育哲学对于教学论研究所开启的新的思维方式。在当时社会大变化与大发展的时代，他重视变化与发展的研究，重视科学或然论和科学方法；在科学心理学和社会学被用来解释变动不居的社会和人类行为的文化界域里，他重视了在个人与社会之间架构学校教育的系统功能研究。总括看来，宏观到社会学、哲学、心理学，具体到教育、教学、课程、方法，杜威推出的是综合化了的反传统的进步主义学说。② 美国研究杜威的著名学者、纽约大学教育学教授布里克曼（W. W. Brickman）在《杜威对于苏维埃俄罗斯和革命的世界墨西哥、中国、土耳其的印象》一书中指出："很少有教育家像约翰·杜威那样受到那么多的赞扬和那么多的攻击。"与杜威的教育哲学相联系的进步主义教育的失败正是反映了他的教学哲学本身所存在的不足和矛盾。由于在后期受到其他思想流派的抨击和批评，杜威在辩解的基础上进一步阐明了自己的哲学立场。他明确指出："根本的问题，不是新教育与旧教育，也不是进步教育与传统教育，而是什么东西配得上称作教育的问题。"③ 由此可见，进步主义教育哲学所倡导的新的观念是对教育、教学等一系列问题的根本反思与追问。这种对传统的教育观念—更确切地说对于理性主义视域下的教学论—的冲击，反映了教学论学科发展道路上遇到的困惑以及迷茫的状态。究竟

① ［澳］W. F. Connell. 20 世纪世界教育史［M］. 孟湘砥，胡若愚译. 长沙：湖南教育出版社，1991：152-153.

② 杨启亮. 困惑与抉择——20 世纪的新教学论［M］. 济南：山东教育出版社，1995：95.

③ ［美］杜威（Dewey，J.）. 杜威教育论著选［M］. 赵祥麟，王承绪编译. 上海：华东师范大学出版社，1981：376.

教学论学科的发展在理性之路上还要朝着什么方向前行呢？

（3）要素主义教育哲学

要素主义教育哲学是新传统派教育理论的最重要的派别，然而它并不像永恒主义那样极端，要素主义虽然因为对 20 世纪 30 年代的社会危机倾向保守主义，既对新观念和新变化慎重检讨，又对传统观念采取赞誉和坚守态度，被称为保守派。要素主义的主要代表人物是巴格莱（W. C. Bagley，1874—1946），在 20 世纪五六十年代，科南特（J. B. Conant，1893—1978）和里科弗（H. G. Rickover，1900—1986）也是要素主义的重要代表人物。从哲学观来看，要素主义教育家们并不统一，但他们的主要的哲学理念是实在论和唯心论。他们认为客观世界中有不可侵犯的“实在”，而“实在”有不容置疑的先验的规律和秩序，变化其实也符合于连绵不断的世界秩序。同时他们认为人必须服从这一秩序，只是在极局限范围才可能改变或修正它，所以人应该继承和保持传统。

要素主义的主要代表人物巴格莱批判了进步主义教育哲学所持的教学观念，认为：进步教育导致学校教育取消了学业成绩的严格标准；破坏了学生学习过程中的系统性和逻辑顺序；抛弃了纪律和锻炼，致使学生的学业成绩下降等。由此，要素主义主张严格的学术标准，要求加强对学生的训练；教育必须要重新考虑学科设置与课程体系的建立；重申教学过程的主动权在于教师而不在学生。要素主义以其较为完整的体系和更切合教学实际而影响更大。它所关注的重点不停留于永恒的教学内容，而是充分的社会价值，是在适应社会发展的新形势下恢复和加强传统教育。所以它的课程论既重视继承性也重视客观性，既重视系统性逻辑性也重视继承性；它的教学方法论既强调灌输和接受式的学习也重视智力训练，既重视兴趣也重视努力与刻苦精神。如此一来，要素主义形成既重知识也重智力、重课堂讲授也重教师作用的教育理论体系。在这一体系的哲学诠释中，既有对进步教育论尤其是它教学论的系统性批判，也有要素主义教育论的系统构建。

（4）永恒主义教育哲学

永恒主义思想追溯起来有较悠远的历史，它源于西方古代哲学以及中世纪神学。现代的永恒主义教育哲学是这种传统的延续，是这种传统在新的历史时期的再现。现代永恒主义在20世纪30年代以复兴人文主义传统、反对进步主义潮流为旗帜而产生，它的明确哲学基础是古典实在论。把杜威和进步教育视为文科教育仇敌的赫钦斯（R. M. Hutchins，1899—1977）、艾德勒（M. J. Adler，1902—2001）领导了声势浩大的批判进步主义教育运动，并因此而获得很高声誉。永恒主义认为世界由先验的“实在”构成，世上即有由“实在”构成的永恒真理，而人性即是人固有的不变的“实在”。赫钦斯主张正确的哲学承认人是理性的、道德的和精神的生物。艾德勒主张作为理性动物的人，其本性永恒不变，那么无论在何种文化和时代，健全的教育必须具有某些永恒不变的特点。诚然，永恒主义能作为新传统教育的重要流派之一，还因为它也有社会土壤的支持：20世纪30年代的进步教育的确不同程度地降低了人文教育研究的价值。

在此基础上，永恒主义教育哲学主张研究“实在”，所谓“实在”即掌握知识，教育即教师教给学生来研究并掌握这种“实在”，为未来的生活作准备的过程。在课程体系来说，永恒主义主张全面的课程体系，包括数学、物理、生物等自然科学知识，也包括心理、文学、艺术、宗教等学科，目的是要通过各种学科的教学发展普遍的人性。在具体的教学方法方面，主张根据不同的教学对象选择不同的教学方法，其着眼点在于发展学生的思维能力。由于永恒主义直接对抗进步主义潮流而崛起，所以与20世纪初那些兼容时代思想的传统教学相比较，显示出永恒复古、重整等级观念的强硬态度。这样一来，永恒主义的教学论体系似乎显得矫枉过正，时针倒拨回复传统的教学思想而难以有深刻的社会进步意义。但是从另一侧面看，它缓和并遏制了唯科学主义和功利主义的极端化走向，启示了人文教育的不可偏废，间接地发挥了把实用教育和职业教育导向普通化的功能，在继承优秀文化遗产方面也起到了一定的作用。①

3. 理性困惑时期的教学论所面临的困惑与抉择

理性困惑时期教学论学科的发展由于社会的大变化与大发展，面对着冲突与抉择呈现出理性茫然的状态。在理性主义为哲学方法论的指引下，教学论将自身的发展走向以概念思辨为基础、理性演绎为具体方法的教学论理论建构。在后来的反对声潮中，批评声不绝于耳。譬如，对赫尔巴持学派思想的批评主要可概括为："强调教师的权威至上，学生必须服从，崇尚高压和体罚，无视教学民主，学生十分被动""完全否定学生在学习中的主动积极性""只重知识传授不讲智能发展""崇尚呆读死记，不求理解应用"等等。尽管这些"崇尚""完全"的绝对观点，在赫尔巴持学派的文献里几乎很难找到证据，但是面临社会中的问题，不同的教育思想流派依然饱含对传统的理性主义下的教学论抨击。所以，当现代教育以觉醒的面貌，且相对于 18、19 世纪的以赫尔巴特思想为代表的理性主义框架不能适应社会变动的新格局而出现时，教学论又进入了新的发展阶段。

以杜威为代表的实用主义哲学流派奏鸣着进步向上，并创造着释放、自然主义的教学论思想。进步主义哲学所主张的活动课程以及对班级授课制的改造、问题教学法等围绕着新的主题开始展开教学论的新的发展历程。在有关杜威的思想概括里，许多人就像是亲自见识过他的放任无度、无知无识的课堂一样来评价"儿童中心"，却大约实在是没认真读过杜威的书，更没读过那些评价他为"社会工具主义""思想保守倾向"的文章，而杜威在芝加哥实验学校里的早期探索之后，又继续观察研究着鲜活的世界，奋勉不倦地著书立说达半个世纪，却仿佛一片虚无。② 如此看来，不能简单地去评价以杜威为

① 杨启亮. 困惑与抉择——20 世纪的新教学论 [M]. 济南：山东教育出版社，1995：118.

② 杨启亮. 困惑与抉择——20 世纪的新教学论 [M]. 济南：山东教育出版社，1995：98.

代表的进步主义哲学究竟为教学论的进步与发展发挥多大的作用。但是他以新的思维方式，即关注成长中的、变化的、过程的、动态的教学为特征的方法论为教学论理性之路添加了更多值得进一步探究的问题。

“对进步主义的第一种答辩是以哲学名义提出的。永恒主义明显地求助于古典实在论，要素主义则主要是作为一个教育运动而开始的。它并没有正式依附任何哲学传统，而是与各种各样的哲学观点和谐共存的。要素主义反对永恒主义的某些观点。它跟永恒主义不一样，因为要素主义并不反对整个进步主义，而只反对某些具体的学说。”① 由此，在教学论学科发展的道路上，面临的理性与非理性的抉择并不是自身所产生的，而是在不同的哲学流派以及社会发展的前提下产生的。针对进步主义教育哲学的教学论观、教学实践及其产生的问题与影响，永恒主义与要素主义以维护传统且有新意的教学主张展现于世人。教学论就是以这种困惑与抉择、冲突与矛盾的状态跌跌撞撞地前行。就如历经沉浮变迁命运坎坷的非理性主义思想的鼻祖尼采，被称为世纪转折点上的双刃剑，在西方近现代思潮由理性向非理性转折的冲突中留给人以扑朔迷离的困惑。他反传统、非理性、打倒偶像、重整价值，所以弗洛伊德主义和存在主义尊之为非理性思想的先驱。但是极权主义的法西斯独裁人物墨索里尼、希特勒却又曾不知疲倦地歌颂他。反封建与反反封建、非理性与非非理性，多重抉择制造了多重困惑，在教学论的历程中，这样的情况也发生着。由此可见，“继承和创新，不是截然对立，而是辩证统一的。在教学理论发展过程中，不是后者对前者一概否定，从头进行全新的创造，而是通过分析、鉴别、继承和改造，不断丰富、创新和发展”。②

---

① ［美］泰勒．教育哲学导论．转引自陈友松主编．现代西方教育哲学［M］．北京：教育科学出版社，1982：86.

② 罗明基．试论传统教学论与现代教学论［J］．辽宁师范大学学报，1987（01）：1-5.

（五）理性的“理性”发展时期

文化演进过程中，任何一个有重大影响的思想或者理论，总会以某种方式或某种程度涵盖以往的思想积淀。就如同 19 世纪的赫尔巴特主义，当它在理性主义的指引下将教学论学科朝着形而上的理论思辨体系走的时候，进步主义教育哲学迎合历史与当时的社会文化，与传统教学思想相对立，形成独有特色的关注过程和儿童的教学论。而永恒主义、要素主义等又在批判进步主义教育的基础上，继承并发展了传统教育思想，形成了新传统教育流派。由此看来，理性主义的教学论思想就如同在世纪之交建立了一座教学论发展的歧路桥梁，永恒主义、要素主义等在其中纷纷寻找教学论得以发展和立足的出路。从此以后，教学论的学科发展进入了新的时期，我们可以将其称为理性的“理性”回归。教学论研究，“是一个逐步由单纯技艺性的经验总结水平逐渐向概括层次不断提高的理论水平发展的过程”。[①] 新教学论崛起，是教学论在其科学化进程中的有突破性的里程碑。尽管它的各家各派观点参差、特色纷呈，但却都在概括层次的理论范畴有所建树，并且各成概念体系。[②] 由于社会的进步与科学技术的发展，特别是脑科学和心理学的发展，使得这一时期教学论的发展所借由的方法论由哲学方法论为主导拓展至心理学以及横断学科（被称为“三论”的系统论、控制论、信息论）。基于此，本部分关于方法论对教学论发展的影响从哲学方法论和一般学科方法论两个层面来探讨。

1. 哲学方法论对教学论“理性回归”的纵深推衍

如前所述，教学论的发展在 19 世纪末 20 世纪初面对理性与非理性的抉择时陷入了迷惘境地。人们要么对理性主义指导下的教学论一味批判而推崇

---

① 吴也显等. 教学论新编［M］. 北京：教育科学出版社，1991：15.

② 杨启亮. 困惑与抉择——20 世纪的新教学论［M］. 济南：山东教育出版社，1995：179.

进步主义教学论思想及其教学实践，要么在要素主义和永恒主义的教育哲学思想的指引下试图完全摆脱进步主义教学思想。教学论在那一刻的发展如同钟摆，始终摇摇晃晃不知前行之路。分析主义哲学流派以及怀特海的过程主义哲学思想为教学论理性的回归提供了方向指引并进一步推动了教学论理性的纵深发展。

(1) 分析哲学对教学论发展的影响

20 世纪上半叶，西方国家发生了一次声势浩大的哲学革命，这就是分析哲学的诞生，它标志着哲学史上“分析时代”的开始。分析哲学的主要代表人物是英国哲学家罗素（Bertrand Russell，1872—1970）、奥地利哲学家维特根斯坦等人。分析哲学是一个比较庞杂的哲学流派，包括逻辑原子主义、逻辑实证主义、逻辑语义学、逻辑实用主义、日常语言哲学等。分析哲学批判传统的以概念演绎为特征的思辨哲学或形而上学，因为思辨哲学或形而上学只是从自身的立场出发，就一些没有实际意义的问题进行理论建构，而创造出空洞庞大的理论体系，既没有增进人类的知识，也不能启迪人类的智慧。随着分析哲学的发展，到了 20 世纪 50 年代，开始有一些专注于教育、教学理论的人将分析哲学的理论与方法应用于教育领域，形成了分析教育哲学流派，从自身的立场出发对教育、教学中的基本问题进行了语言—逻辑批判与论证，形成了独特的关于教育、教学的基本观点。

分析哲学在教育领域中作为方法论的应用一方面是由于教育理论自身发展的需要；另一方面，“当时有一大堆的教育问题吸引教育理论家和教育实际工作者，而传统的教育哲学往往脱离教育实践，并且各派争论不休，使实际工作者莫衷一是。正是在这种情况下，分析学派的教育哲学另辟蹊径，着重于逻辑或语言的分析工作，特别是集中分析那些模糊不清的教育概念，明确各种定义、口号、比喻以及一些形式或者非形式的推理错误。尽管后来有些分析教育哲学者带有较大学究气，脱离了教育实践，但不可否认，他们最初意图是试图使理论和实际能正确地结合，由此提高教育的质量”。[①] 因此，分析哲学一方面在教育学以及教学论等基本概念上进行语义辨析，如奥康纳对于“什么是理论”进行分析，[②] 从而促使教育学、教学论等基本概念逐步科学化；另一方面，针对已辨明的基本概念，分析哲学对其进行分类，如穆尔对解释的理论与实践的理论进行分类，在此基础上，运用不同理论解决现实中的不同教育、教学问题。就教育学以及教学论整个发展历程来看，由于其附身于哲学摇篮，其中就不乏空洞的理论说教以及形而上的思辨。因此，教育学、教学论试图运用分析哲学作为方法论去解决学科中存在的问题，那就是把教育实践中的问题归纳为教育理论的问题，把教育理论问题归结为教育认识中的语言（概念）—逻辑问题。澄清了概念，就澄清了思想；澄清了思想，就可以使实践获得科学的基础，成为理性的实践。[③] 这是分析哲学对教学论学科的思想逻辑启示。

（2）怀特海的过程哲学对教学论的方法论启示

英国哲学家、逻辑学家艾尔弗雷德·诺思·怀特海（Alfred North Whitehead，1861—1947）是过程哲学的创始人。过程哲学批判分析哲学、绝对主义以及康德的先验图式论等思想，目的在于从根本上消除西方哲学一直以来存在着的主体与客体、事实与价值分裂对立的困境。换句话说，怀特海的过程哲学试图解决西方哲学中有关本体与现象、一与多、永恒与流变、存在与生成等形而上问题。因此，过程哲学在其数学与物理学背景基础上，就具有系统的严密性与思辨性等特点，并且具有鲜明的时代特点。过程哲学超越以往关于世界本体的论述，将传统本体论对于“存在”以及“本体”的关注代之以生成、变化的“过程”。世界中的一切都处于变化的过程之中，各种事件的综合统一体构成机体，从原子到星云、从社会到人都是处于不同等级

---

① 陆有铨．现代西方教育哲学［M］．开封：河南教育出版社，1993：387．

② 关于理论的分析，有四种解释。详细可参见：O'Connor，D. J.（1957）．An Introduction to the Philosophy of Education．Routledge & Paul，1957．p75-76．

③ 石中英．教育学的文化性格［M］．太原：山西教育出版社，2001：54．

的机体。这些机体有自己的性质、结构、自我创造能力。机体的根本特征是活动，活动表现为过程。过程就是机体各个因子之间有内在联系的、持续的创造活动，它表现为一机体可以转化为另一机体，因而整个世界就表现为一种活动的过程。这是过程哲学的基本要点。过程哲学的基本要点可以指导教学论发展与研究中关于教学现象和教学活动的思考。

过程哲学将世界、一切事件视为具有内在联系的创造性的过程，因此，创造性成为过程哲学的一个根本属性。这个根本属性反映在教育、教学领域中，就是将教育、教学视为具有创造性的活动过程。过程在本质上是创造的，一切过程都面向了无数的可能性，都具有一种更为根本的新质。① 怀特海认为，“使知识充满活力而不使之僵化，是一切教育的核心问题”。② 教育、教学承载着创成人类文化、促进社会以及人的发展、服务于人类的责任，就必须具有不断开拓、不断创造的精神。加强创造精神要体现在教育、教学过程中，使知识能够开启学生智慧，发挥培养学生创新能力的作用。换言之，教育、教学从根本上是一种创造性活动，最终是为了学生的创新意识的培养和创造能力的锤炼。怀特海指出：“教育如果不以激发首创精神开始，不以促进这种精神而结束，那必然是错误的教育。”③ 除此之外，创造性还体现在教学理论、教学论本身应该具有创造性。教育、教学实践中的过程性意味着教育、教学的每一次实践活动都是对以往教育、教学活动的突破。教学理论的创新都是在教学实践活动创新基础上的对传统教学理论的突破，都是一种历险与发展。过程哲学将教育、教学过程视为创造性的生成过程，不再是僵化的计划实施或执行的过程；在教学目的方面，试图协调社会发展与人的发展的两极对立，倡导二者的和谐统一；在教学内容设置上，主张摒弃科技理性下学科体系的

---

① 桑国元. 对中国现代教育的理性思考——怀特海过程教育哲学的视角［J］. 当代教育科学，2006（11）：10-13.

② ［英］怀特海（Alfred North Whitehead）. 教育的目的［M］. 徐汝舟译. 北京：生活·读书·新知三联书店，2002：9.

③ ［英］怀特海（Alfred North Whitehead）. 教育的目的［M］. 徐汝舟译. 北京：生活·读书·新知三联书店，2002：66.

不断分化，而代之以普通教育与专业教育的统一。这种重视过程的思维方式对教学论发展影响重大。

综上所述，在教学论面临着科学与人文，理性与非理性的抉择时，过程哲学为教学论的发展之路提供了一种新的选择。从思维方式而言，过程哲学打破传统的二元对立的思维方式。二元对立是现代性的根本特征之一，在教学中具体表现为传授知识与发展能力的对立、自然教育与人文教育的对立等。过程哲学认为，这种二元对立割裂了教育、教学本身，使教育、教学内部具有内在联系的有机体成为两两对立的个体。而改变这种割裂的关键，按照过程哲学的基本观点，就是要把握协调好整体内部各有机体的关系及张力，使之达到最佳平衡，以完成教育、教学目的。如此一来，教学论就不应纠结于理性与非理性、科学与人文的偏执纷争，而转向双方的和谐统一。

2. “三论”对教学论理性发展的丰富建构

美国学者维纳（N. Wiener）1948 年出版的《控制论》、美国数学家香农（C. E. Shannon）1948 年发表的《通信的数学理论》、美籍奥地利生物学家贝塔朗菲（L. V. Bertalanffy）1947 年发表的《一般系统论》，标志了“三论”——控制论、信息论、系统论的诞生，标志了 20 世纪这一综合性学科的诞生。“三论”是物理学、生物学、数学结合的产物，并且直接与自动化技术、通讯技术、电子计算机技术相联系，直接地影响现代化教学技术进步，但它们作为方法论也迅速地影响了哲学、自然科学、社会科学、思维科学。“它们主张把事物、对象看作一种系统进行整体的研究，研究它的成分、结构与功能的相互联系，通过信息的传递和反馈来实现系统之间的联系，达到有目的地控制系统的发展，获得最优化的效果。”① 如果不局限于“三论”作为横断学科的自己特有的研究对象，而是把它作为在一切社会实践领域都可变通适用的方法论，那么我们所研究的教学活动就完全可以理解为对教和学的

① 王策三. 教学论稿［M］. 北京：人民教育出版社，1985：13.

严格组织管理和控制过程；教学信息的耦合、控制、反馈所形成的信息流通过程；由教师、学生、教学影响组成的相对闭合的活动系统……而教学论，在这一方法论指导下，也即是教学控制论、教学信息论、教学系统论。[①] 而“三论”作为方法论，不仅仅给予教学论研究以新的思路与方法，而且为教学论的进一步发展以及教学论研究的格局提供了有益的启示。在教学论发展的这一阶段，诸多教学论思想就是在“三论”的指导下构建、发展起来的。

在程序教学和机器教学中，普莱西、斯金纳等人把“信息的即时反馈”作为教学过程中的一条重要原则，程序教学要求以“小步子”有序为特色，其有效教学却也是必然从整体到部分再到整体；布鲁纳在其结构主义课程理论中将程序、反馈等作为教学原则来规定；而皮亚杰关于认识结构的四个基本概念：因式、同化、顺应、平衡，都是通过反馈去实现的；在巴班斯基的教学过程最优化原理中，运用的是辩证的系统方法，重视的是综合、分析、综合，强调的是动态联系和整体。由此可以认为，20 世纪 50 年代崛起的各家教学论思想流派，从其思想内容及涉及的思想方法分析，都无法脱离“三论”所涉及的范畴，只不过是以不同的形式、不同程度地体现在教学论思想中。巴班斯基在把握系统与要素之间的辩证关系以及研究和调控这种关系的层次上考虑极为周密；布鲁纳、施瓦布等人讲结构却又倡导发现法或探究法，无疑是重视了“三论”中所涉及的结构与功能。对过程的重视则几乎是新教学论的共同特征，赞可夫的理解学习过程、布鲁纳的教育过程、巴班斯基等人的最优化教学过程、加涅的信息加工过程，都无一例外地重视过程这一事物发展的特征。过程与状态、过程状态与变动转换，都是“三论”所涉猎的范畴而成为教学论或教学思想研究的范畴。由此，“三论”作为方法论对教学论学科发展的影响与作用也显而易见。

---

① 杨启亮．困惑与抉择——20 世纪的新教学论［M］．济南：山东教育出版社，1995：200.

3. 教学论理性的“理性”发展时期的方法论特征

这一时期教学论的发展呈现“百花齐放，百家争鸣”的繁荣景象，其根本在于方法论的丰富和多样。从方法论层面讲，对方法论的运用已经不局限于哲学一种层面，而是扩展至多层面的方法论，甚至于多种研究范式或研究方法。自然科学的进步和人类认识的发展，系统科学方法论作为指导教学论发展的方法论基础开始发挥作用。可以想象，在教学论的深入发展过程中，会不断有新的方法论形式出现并且指导教学论的发展。凡是可以用来指导人类认识活动的方法论都可以作为研究教学实践活动的方法论基础。这一时期教学论思想由“结果”转向“过程”，由“具体”转向“结构”，并重视发现或探究学习，就方法论意义而言，这在 20 世纪人类教学论的发展史上，作为具有其本然价值的里程碑是当之无愧的。

（1）理性的重新思考

教学论理性的“理性”发展阶段，是针对在教学论发展过程中，教学论所面临的困惑而言的。一直以来，对于理性，人们将其归为形而上的哲学范畴，这是理性主义对“理性”含义的影响。以赫尔巴特的教学论体系为例，赫尔巴特认为基本概念应该与教育学科统一，教育学体系应该建立在教育基本概念的基础上。概念是人们对人类认识的总结、归纳与反思，没有基本概念作为基础，人类对世界的认识就会永远处于经验水平，而不能达到理性程度。由此可见，理性是与经验相对的概念。然而，当人们对已有的认识开始反思与批判，提出实用主义哲学和永恒主义哲学等人类认识活动的意识形态后，就反映了时代发展对人类认识提出的新要求和发生的新转变。与此同时，教学论就陷入了面对自然与人文、理性与非理性的困惑与抉择中。直至理性发展至新的时期，人们对理性开始重新解读，理性不再是与经验相对的概念，而是具有辩证维度的词汇。理性不再受限于思维层面的演绎与归纳，而是开始面对现实世界。理性认识开始是全面的认识，对于现实世界不再局限于某一种视角，而是多种视角、多种维度去认识；理性认识不是单纯的归纳与演绎，而是根据事物本身和所处背景科学分析；理性认识的结果是对认识对象作出科学、准确的预测和估计。从根本上讲，理性的“理性”发展在于认识从感性上升至理性阶段后，不是居高不下，而是循着认识的阶段继续指导实践，以此往返螺旋发展。因此，教学论的理性发展过程是：教学实践活动—教学论成为对教学活动的理性认识—继续指导教学实践—教学论的理性再反思。这样，教学论的发展以理性为线索才是真正的理性发展。

(2) 方法论的多元化

教学论理性发展的理性时期，人们开始对于教学论的重新思考。教学是以人为对象的社会实践活动，教学论是关于教学活动和教学现象的学说。那么关于人的诸多科学，都可以为教学活动提供新的启示与借鉴。关于人的学科会涉及很多，例如涉及人类学、社会学、环境学、脑科学等等。这样一来，许多学科都可以被借鉴用来指导教学论的发展与研究，或者将这些学科作为研究教学现象或教学活动的理论基础。教学现象与教学活动本身是复杂的统一体，由于受所处社会、生产力发展水平及人类的认识能力等种种因素的局限，过去对于教学活动的研究是分门别类或单因素的研究。而随着社会的发展和人们认识的深刻性要求及以往研究的积累，以复杂的教学现象为研究对象的教学研究逐渐走向复杂化。复杂化趋势的教学论研究必然要求研究方法的多元，才能够比较完整地认识复杂的教学现象或教学活动。经过教学论研究多年的发展，人们也发现，由于问题的复杂性，很难从一个方面解决问题，教学论的方法运用出现多元化趋势。人们已普遍认识到，必须从多方面、多学科、多因素、多部门入手，才能解决这些问题，单一方面是无法彻底解决的。从方法论角度而言，任何方法论都存在其独特的优点与局限，为使教学论研究更加可靠与有效，人们已经不再满足于用某一种方法进行独立的研究了，而是倾向于运用多种方法。

三、传承与借鉴：从方法论追寻中国教学论的发展

探讨教学论的发展，并且试图探究中国教学论未来发展的生长点时，就不可能不去追寻中国本土教学论发展的轨迹。在中国，“教学论”这个概念以及作为一门学科出现得比较晚，以至于有许多学者指出中国教学论是舶来品。这不仅是由于历史原因，还有深刻的文化原因以及方法论的问题存在其中。因此，当我们介绍教学论史的时候，均是以西方教学论史为主要内容和线索，较少有对中国传统教学论的思想进行系统的梳理与探究。其实，这是对中国传统教学论思想的重视与挖掘不够，我国“教学论遗产是非常丰富的。先秦诸子百家之言、《学记》和‘朱子读书法’等等之中所蕴藏的教学论思想，有许多是非常精辟的，至今仍放射出智慧的光辉”①。直至 1989 年，西南师范大学熊明安教授主编《中国教学思想史》，才系统研究中国古代教学论思想。本章意在探讨中国教学论的发展，不仅要探讨包括中国古代时期的教学思想，还要深刻挖掘近现代以来打开国门之后教学论思想的变化。因此，本章以 1840 年鸦片战争，中国打开国门，教学论面临着时代的冲击与发展为分割点，将中国教学论分为传统教学论与现代教学论两部分来分别探讨。

（一）传统教学论的发展——经验的总结

在中国几千年的文化传承中，儒家思想作为中国古代哲学的主流思想占

① 王策三．教学论稿［M］．北京：人民教育出版社，1985：81.

据着社会文化的统治地位。儒家思想纵贯我国历史两千多年，横跨许多学科领域，在长时期的历史发展中，产生了一些学派，有许多代表人物。因此，中国古代哲学正统地位的儒家思想作为方法论深刻地影响着中国传统教学论的发展。一般认为，孔子是儒家思想的创始者。但实际上，在春秋战国时期，孔子的许多思想并不受重视与推崇，直至三百多年后董仲舒提出“罢黜百家，独尊儒术”才为儒学思想争得了统治地位；至隋唐时期，儒家思想与道教、佛教思想经过相互的斗争与影响，经过南宋时期朱熹的整理与发展，形成新儒学阶段的宋明理学。尽管后来出现反对程朱理学的陈亮、叶适等哲学思想家，以及陆九渊和王阳明的主观唯心主义哲学思想，但是其本质都是以维护封建统治为核心的哲学体系。因此，关于中国传统教学论的方法论研究就以儒家思想这一哲学体系为线索探究教学论发展的方法论之源。作为中国乃至世界的第一本教育、教学专著，《学记》之内容丰富、体系完整充分显示了先秦儒家的教育教学思想及中华民族的智慧，是我国教育史上珍贵的研究文献。而《学记》中的许多思想以及体现的方法论特征一直影响着后来的教学论思想，因此，本部分将以《学记》中教学论思想所体现的儒学方法论特征为起点，深入分析其对教学论发展的影响。

1.《学记》教学论思想的方法论探究

《学记》中的教学思想十分丰富，全篇共1229字，不仅包括教学目的、教与学的关系，还涉及教学原则、教学方法、教学的考核以及教育机构的设置等等。这充分说明了其论述言语之精确简练、思想体系之完整。教学思想是关于教学的理性认识，而对事物的理性认识包括事实性认识、关系性认识、价值性认识。我们认为，对于《学记》中的教学思想，依然可以据此进行结构化的分析。

(1) 对《学记》中教学思想的结构化分析

事实性认识是关于教学事实的描述，是对教学场所、教学现象等的客观认识。事实性认识是关系性认识与价值性认识的基础，正是基于对事实的认识，才能够进行关系与价值的认识。“古之教者，家有塾，党有庠，术有序，国有学”是对教学场所、机构的客观认识；“比年入学，中年考校。一年视离经辨志；三年视敬业乐群……谓之大成”是对教学中考核制度的论述；“大学始教，皮弁祭菜，示敬道也”是对教学现象的描述。对于《学记》中关于教学的事实性认识不必一一言及，仅以上便使我们对当时的教学情况有了较为清晰的判断。正是基于对当时教学的事实描述，才能够对其有进一步的关系性认识。

关系性认识是对教学现象、教学事实的规律性的、本质的认识。它涉及揭示与解释教学中复杂的关系。回答“什么样的教学现象导致怎样的教学结果”，《学记》中如“今之教者，呻其占毕，多其讯言，及于数进而不顾其安，使人不由其诚，教人不尽其材，其施之也悖，其求之也佛”；回答“什么样的教学原则或方法能够达成有效教学目标”，如“道而弗牵，强而弗抑，开而弗达。道而弗牵则和，强而弗抑则易，开而弗达则思”等。而《学记》中的关于“教学相长”“长善救失”“藏息相辅”“善教”与“继志”等辩证关系的认识也是对教学的规律性的认识。

对于任何事实性的描述，言说者不可避免地带有一定的价值判断。这些价值判断取决于言说者的价值观念。《学记》中的教学思想是对先秦儒家教学思想的总结，从中亦可梳理出先秦儒家的教学价值取向。“君子如欲化民成俗，其必由学乎”体现了其教学之目的；“玉不琢，不成器；人不学，不知道”申明其教学之人性假设；“故师也者，所以学为君也”说明教师之义。基于“人不学，不知道”的人性论前提，循“化民成俗”之教学目的，《学记》才进一步明确教师、教与学的关系，并阐述相关的教学原则、教学方法等教学思想。

关于教学的事实性认识、关系性认识与价值性认识，当言说者诉诸笔端，就表明其态度、观念，也就形成了对教学的判断。《学记》全篇以简练的语言却准确地、完整地构成了教学的认识体系，这样，《学记》之教学思想就是具有事实判断、关系判断与价值判断的完整体系。

(2)《学记》中教学论思想的方法论特征

对于《学记》中关于教学的所有认识或判断，我们可以从语言层面及逻辑层面进行方法论的分析。从语言层面来说，语言表达的方式规范了表达事实的真实性、准确性。《学记》中的语言是格言体，我们常说的“格言警句”中的“格言”就是与此意相通。“格言体本身就说明它们的表达式是‘启示’的，而非逻辑的和分析的。”① 也就是说，这种表达是一种论断，不涉及逻辑思维的运用。如“君子如欲化民成俗，其必由学乎”“大学之法：禁于未发之谓豫；当其可之谓时；不凌节而施之谓孙；相观而善之谓摩。此四者，教之所由兴也”，如果要教化百姓，必须通过教学。大学教学的方法是预防、及时、循序渐进与互相学习，这是教学成功的方法。这种言说的方式直接将结果或者说观点亮出来，而并不体现是通过什么样的逻辑推演而得出此观点的。《学记》中出现七次诸如“兑命曰”“记曰”“君子曰”，这是把圣贤先王的言论作为永恒的典范与权威来认可，并以此进行相关事实的判断与推论。因此我们可以说，从语言层面来说，《学记》中充满了“天启式”的论断。此时中国古代先哲们还没有出现像亚里士多德三段论那样的逻辑规定，以获得关于事物或现象的普遍认识或判断。《学记》中更多地运用了类推的方式以说明其逻辑。“玉不琢，不成器；人不学，不知道。”这是以“玉”推“人”。“虽有嘉肴，弗食，不知其旨也；虽有至道，弗学，不知其善也。”这是以“嘉肴”推及“至道”。“善歌者，使人继其声；善教者，使人继其志。”这是言“善歌”而意在“善教”。“良冶之子，必学为裘；良弓之子，必学为箕；始驾马者反之，车在马前。君子察于此三者，可以有志于学矣。”这是以“良冶”“良弓”推及“君子有志于学”。而“古之学者，比物丑类”更是表达了同类比较、举一反三的思想。类推式的表达严格意义上并不是完整的逻辑思维，由此可以体现当时的思维活动还没有独立的理性领域，更多是基于现实的主观论断，缺乏一定的规范性。也许，正是由于此，我们需要对传统的教学思

① 牛宏宝．先秦和古希腊思想家对认知进行设定的比较［J］．咸阳师范学院学报，2004（01）：30-39.

想进行方法论的锤炼与提升，这才能够对今天中国的教学论发展有真正的借鉴推进作用。

《学记》中的辩证思想主要体现在对教学的规律性认识，即关系性判断的言语中。《学记》中教学相长的思想在今天的教学中得以继承与发展，然而追溯原文，我们依然可以从中品味出朴素的辩证法思想。“虽有嘉肴，弗食，不知其旨也；虽有至道，弗学，不知其善也。是故学然后知不足，教然后知困。知不足，然后能自反也；知困，然后能自强也。故曰：教学相长也。《兑命》曰：敩学半，其此之谓乎！”无论是学或教，均不能不通过实践，通过学习知道自身的不足，通过教明了自身的困惑；知道自己学业的不足，才能反过来严格要求自己；感到困惑然后才能不倦地钻研。所以说，教与学是互相促进的，教与学是事物的两个方面。《学记》明确地阐述了教与学相互依存、相互促进的辩证关系，同时，通过“嘉肴”与“弗食”，“至道”与“弗学”将实践纳入其体系，形成了在“行”基础上的“学”与“知”。“大学之教也，时教必有正业，退息必有居学。不学操缦，不能安弦；不学博依，不能安诗；不学杂服，不能安礼。不兴其艺，不能乐学。故君子之于学也，藏焉修焉，息焉游焉。”《学记》中关于“藏息相辅”的教学原则也充分体现朴素的辩证法。教学应有课内教学与课外活动，“课堂学习与课外活动的关系中，包含着学与习、已知和未知、课前预备与课堂学习、劳与逸之间的辩证统一关系”①。课堂学习与课外活动统一起来，才能够“乐学”；只有“藏焉修焉，息焉游焉”，才能够“安其学”“亲其师”“乐其友”并“信其道”。《学记》中对辩证法思想的体现我们不必一一论及，然而不能否定其中的朴素辩证法思想。这是在当时生产力的背景下，基于科学知识发展水平而产生的一种自发的、朴素的辩证思想。这种辩证思想尽管是不完全的、初步的、朴素的，却充分显示了古人的智慧和对教学的规律性认识。在随后的教学思想发展中我们依然可以看到其辩证思想的运用，影响着后来中国的教学思想的发展。

---

① 张秀红．论《学记》所反映的教学辩证法思想［J］．河南大学学报（社会科学版），1998（06）：114-116.

波普尔认为："关于科学的出发点……它从问题开始；我们得出一个新的理论，主要是通过尝试去解决问题而得出的。"① 对于中国的儒家来说，教学实践遇到的问题是人性问题。关于"人性"，有孔子的"性相近，习相远"，孟子的性善论，荀子的性恶论。而正是由于对人性的不同假设导致其教学思想的不同，教学方法的差异等。对人性的基本判断涉及了言说者的价值观念，即《学记》中的价值性判断。《学记》中没有明确说明其人性假设，从相关论述中可窥之一二。"玉不琢，不成器；人不学，不知道。是故古之王者建国君民，教学为先。"玉石不经雕琢，就不能变成好的器物；人不经过学习，就不会明白道理。所以古代的君王，建立国家，统治人民，首先要设学施教。人必须通过学习才能够明白道理。如果要达到"化民成俗"的教育目的，必须通过教学。这种判断是以人性具有可塑性为前提的，说明了后天教学对人的积极意义。正是基于这种对人性的基本判断，《学记》展开了关于教学目的、教师与学生、教学设置、教学原则、教学方法等等的论述。

2. 中国古代教学论的方法论特征

中国儒学思想经历了春秋战国时期百家争鸣的繁荣，与汉代"独尊儒术"的大一统局面，隋唐时期的儒、佛、道的相互吸收与差异促使了新儒学——宋明理学的出现，而在明清时期儒学向经世之学发展。翻查中国教育史以及教学论史可以发现，几乎所有关于教学思想的论述都带有儒学思想的印记与特点，那么可以得出这样的结论：儒学作为哲学方法论深刻地影响传统教学论的发展与变化。中国传统教学论思想宏大精深，以《学记》为起点探究传统教学论的方法论特征及其教学论思想难以对相关教学论思想一一言及，因此，根据儒学作为古代哲学的主流对教学论的方法论层面的影响，我们仅就教学论史上有较大影响的、代表性的教学思想作举例说明。

(1) 天启式论断的极端发展与类推式逻辑的纵深衍化

---

① ［英］波普尔. 猜想与反驳［M］. 傅季重等译. 上海：上海译文出版社，1986：221.

《学记》中的天启式论断以及类推式逻辑在教学思想的发展过程中依然发挥作用，在相关思想家的著作及言说中，我们依然可以看到类似于《学记》中的话语。“春秋之道，奉天而法古。是故虽有巧手，弗修规矩，不能正方圆；虽有察耳，不吹六律，不能定五音……”[①] 这是董仲舒论述教学内容时，将《春秋》视为“先王之遗道”。从中，我们不仅能看到相似的语言形式，还能够体会其将“先王”、《春秋》等视为永恒经典，作为教学的内容。中国许多教育思想家在探讨教学内容这一问题时，均将六经视为必学之经典，除此之外无他，说明了这种天启式论断的方法论特征在整个教学思想发展过程中的作用。而天启式论断在明清时期发展至极致，其表现是“六经”及“二十一史”作为教学内容以及八股文的出现。尽管有学者认为八股文的出现使得“六经衰，二十一史废”，但是八股文作为考据之学，严格规定了文章的制式，限定了学生的思维，说明了其唯上、唯书的思想。尽管教学思想的发展离不开政治、经济、生产力等因素的影响，但是这种对天启式论断的执着制约了教学内容的丰富性，从而局限了我国教学思想的发展。

类推式逻辑在我国教育思想发展中得以衍变、深化。唐代教育思想家柳宗元在论述其“明道”与“行道”的思想时，运用了“喻”的方法。“噫！形之庞也类有德，声之宏也类有能。向不出其技，虎虽猛，疑畏，卒不敢取。今若是焉，悲夫！”[②] 这是柳宗元以寓言故事讽刺了自不量力与妄自尊大，超越《学记》中以物推人的简单，而衍化为以事论人。在宋明理学的集大成者朱熹那里，类推式逻辑进一步发展。朱熹取《中庸》中“博学之、审问之、慎思之、明辨之、笃行之”作为其教学思想的理论基础，提出了“即物而穷其理”“格物以致其知”的教学思想，我们认为，这不仅是其教学思想，也是其教学思想的方法论基础。以博学、审问、慎思、明辨、笃行达到“穷其理”与“致其知”，这体现了逻辑的纵深发展，对事物的感性认识上升至理性认识的逻辑思维。这种衍变促进了教学思想的丰富性，推动教学思想在思辨、逻

---

① 春秋繁露・楚庄王.

② 柳河东集・黔之驴（卷十九）.

辑推论方法论基础上不断发展。

（2）朴素辩证思想的丰富与发展

我国教学思想史上对朴素辩证思想的发展可以从诸位教学思想家的“知行观”得以检视。知与行是中国古代哲学一对重要的命题，最早可以追溯到《古文尚书·说命中》中一句名言“非知之艰，行之惟艰”，这就是最早的知行观点，也就是知易行难。北宋思想家程颐第一个把知行问题引入理学中，他提出了知难行易的观点。而朱熹则进一步全面论述了知行的关系，认为论先后，知为先；论轻重，行为重；并看到知行之间的辩证关系，二者互为前提，互为条件。而明中叶教育家王守仁则进一步发展了朴素辩证法，提出了“知行合一”说。他认为知与行是一个整体，不可分割，知中有行，行中有知；二者并进，缺一不可。这种观念并非将二者混为一谈，超越了简单论述二者关系，而将二者融为一体，这具有重要的方法论意义。明代的教育家王夫之，在总结和吸收了荀子思想的基础上，提出了与前面几位理学家大相径庭的观点。他认为行先知后，行可以兼知，知不可以兼行，这在一定意义上看到了知识对实践的作用以及实践对探究真理的作用。有学者认为，“站在自发辩证法和朴素唯物思想的基石上，这位明末的大儒把中国古代哲学知行学说推向了巅峰”①。这样，古代教学思想发展中有“行”这一唯物的因素，基于“行”而能“知”的朴素辩证思想不断丰富与发展。

（3）人性假设与政治、伦理的联姻

《学记》中关于人性的探讨在随后的许多教育思想家中都有论及，不得不承认人性问题在我国教学思想发展中的地位与作用。西汉董仲舒将人性分为“圣人之性”“中民之性”“斗筲之性”，认为“性者生之质也，情者人之欲也。或夭或寿，或仁或鄙，陶冶而成之，不能粹美，有治乱之所在，故不齐也”。②董仲舒发展了儒学对人性的假设，认为人性有善有恶，必须通过“王教”使其善。董仲舒关于人性的认识进一步加深了教学与人的发展之间的关系。南

---

① 夏青．浅论宋明理学之知行观［J］．大众文艺，2010（08）：166.

② 汉书·董仲舒传.

北朝时期的教育思想家颜之推继承了董仲舒的关于人性的理论，但在实践中，他强调依据不同的人性划分进行不同的教育、教学。唐代教育家韩愈丰富了性三品说，并明确将性分为仁、礼、信、义、智，在维护封建主义统治秩序的前提下，认为“性之上下者，其终不可移”①。南宋教育家朱熹将人性分为“天命之性”与“气质之性”，以“三纲五常”为中心的封建伦理道德为“天理”，违背“三纲五常”等封建道德伦理与封建秩序的言行归为“人欲”；而教育的作用就在于“存天理”“灭人欲”。至此，教学中关于人性理论的发展与封建统治和封建伦理相联姻。这种联姻在随后的明清时期更是发展至极端，八股文的出现使得教学完全依附于政治。封建伦理的束缚、教学作用政治化，使得对于人性的研究脱离了人本身，而沦为政治与封建伦理的附庸。

3. 古代教学论的发展——理学作为方法论的特征

论及理学对教学论的影响与启示，就不得不首先介绍理学所处的时代背景和理论主题。理学是儒学发展的新阶段。面对着当时社会出现的问题和现实，统治阶级中的有识之士尝试从儒学思想的改革角度——理学思想的发展来挽救封建统治危机。当时社会的现实是：第一，民族矛盾日益突出，辽、西夏以及崛起的金政权对宋统治造成困扰，土地占有关系发生了变化，由此带来新的社会矛盾。第二，佛教、道教思想的影响日益广泛，并且威胁着正统思想——儒学的地位。第三，封建商业的繁荣和城市经济发展以前所未有的状态不断前进，城市人口增加，商业活动扩大。在这种社会背景下，理学借助早期儒学的基本精神进行重建，以维护封建王朝的统治。因此，理学发展的时代背景和主要目的为教学思想的发展提供了新的启示。

有人认为，中国文化心理中一个非常重要的民族特性就是实践理性。在这里，实践理性指向于重视实践的理性精神与理性态度。具体说来，就是非常重视现实实用，不寻求理论上的谈论与争辩以解决现实的哲学思考。因为

① 韩昌黎全集·原性（卷十一）.

实践理性认为没有必要进行纯粹抽象的理论思辨，更为重要的是如何在现实的教学实践中妥善处理和解决问题。从世界教学论发展的情况来看，中国教学论的发展是成体系时间较早的，但是呈现发展过程缓慢的特点。《学记》是中国教学论乃至世界教学论出现较早的、理论体系较为完善的教学论专著。在随后的诸多哲学家、教育学家关于教学思想的论述中，尽管也有一些深刻、具体、独到的见解，但都未能超越在春秋战国时期就早已成体系的教学论。梁漱溟认为，中国文化是一种早熟文化，即由人到天、由内到外、由心到物、由理到事，均是由心性出发。由心性出发的早熟文化决定了中国科学在某种程度的不发达，学术停滞不前，对于教学论体系而言，也是如此。一直以来，中国传统教学论的发展在实践理性的传统下，呈现虽具有体系却缺乏严密逻辑和系统的零散结构特点，理论抽象的层次偏低，基本的概念范畴具有随意的特点。中国文化的实用心理着眼于现世和人事，并不关心自然界，由此形成了实践理性思维中的实践—直觉体悟，寻求统一和合、整体联系等特征。这种实践理性的缺陷是“在一定程度上和意义上有阻碍科学和艺术发展的作用。由于强调人世现实，过分偏重与实用结合，便相对地忽视、轻视甚至反对科学的抽象思辨，使中国古代科学长久停留并满足在经验论的水平，缺乏理论的深入发展和纯思辨的兴趣爱好。而没有抽象思辨理论的发展，是不可能有现代科学的充分开拓的”①。由此可见，实践理性是中国文化传统的思维方式。也因为此，中国传统教学论的每一种关于教学思想的论述，都是基于大量的教学实践。许多哲学家都是教学实践者、教育家，才能够在经验的基础上，总结教学思想。

（二）现代教学论的发展——继承与借鉴

就世界范围内的教学论而言，现代教学论的诞生是源于 20 世纪初“传统

① 李泽厚．中国古代思想史论［M］．北京：生活·读书·新知三联书店，2017：29.

教育的矛盾和缺陷急待克服，新的教育理论与实践崭露头角。崛起于本世纪初的新教育抨击了注入式的传统学科的道德说教与教学，倡导儿童中心和生活主义”①。现代教学论是在与传统教学相对立中萌芽并发展起来的。从对传统教育的批判以及其产生的革命意义而言，中国教学论的现代转向也产生于19 世纪末 20 世纪初。中国社会经历的深刻变革以及国外教学论思想的冲击，使得中国教学论面临着对维护封建统治的传统教学论的批判以及中国教学论自身发展的革命性变化。从这个意义上说，中国教学论的发展由传统转向现代的建构。在这个过程中，儒学思想仍然根深蒂固却以晏然的姿态隐身于教学论思想之中，现代教学论的发展仍继承着中国传统文化中的文化传统；另一方面，由于国外教学论思想所带来的冲击力促使人们进一步建构现代的教学论思想体系，中国现代教学论的发展面临着继承与建构的双重抉择与任务。继承与建构在 20 世纪中国教学论的发展舞台上以新中国成立为契机轮番上阵，成为中国现代教学论发展不同阶段的主题。

1. 近现代教学论的被动发展阶段

当中国打开国门走向世界后，诸如进步主义教育、教育心理学化等教育思潮以及代表人物的教育著作在“学习西方”“教育救国”的口号下蜂拥而入。各种教育思潮对中国教学论的现代发展及教学实践产生了重要影响。由于在当时的时代与社会条件下，教学论学科本身并不是主动去迎接、借鉴国外的教学论思想，而是处于受到冲击、被动接受的尴尬境地。换言之，人们对教学论的建构不是基于教学论本身，而是依然将教育、教学与政治联系起来，这样教育、教学论承担了本不属于它的责任。尽管后来的许多关于教学论思想的论述都积极地引入、借鉴国外的教学理论，但都无法摆脱“教育救国”这一负累条件。从这个角度而言，19 世纪末至 20 世纪 40 年代的教学论就处于被动发展阶段。

① 钟启泉. 现代教学论发展 [M]. 上海：上海教育出版社，1986：36.

(1) 以“教育救国”为目的的教学论萌芽时期

清末教育至鸦片战争时期已经空疏无实，腐败落后，成为社会进步与发展的障碍。此时，西学在中国广泛传播，1887 年英国传教士威廉臣（Williamson，Alexander）在上海创立“同文书会”，后改为“广学会”，当时是外国在中国设立的最大出版机构。他发行《万国公报》，传播西学知识，出版一些近代数学、物理、天文、化学、地理等自然科学方面的图书，颇有影响。除此之外，北京同文馆、上海江南制造总局翻译馆也翻译了不少西方书籍。西学思想的传播、影响不断扩大，中国开始创建新型学校，中国教学论的现代发展开始萌芽。这一阶段中国现代教学论发展的方法论特征是反思与批判、学习与借鉴，而这些都与政治、国家联系起来，尽管如此，依然推动了中国教学论的现代进程。

清末启蒙思想的先驱者龚自珍在反思清朝腐朽的教育的基础上，批判了社会中一大批“不农”“不工”“不商”的人成为“政要之官”；因此要培养忧国忧民、奋发进取、有所作为的“才士才民”出来治国。龚自珍批判理学的空疏无用和脱离实际的训诂考据，指出教学要改革，学习西方近代科学知识，改革封建教育，培养经世致用的人才。他的教育主张及教学思想为当时的思想启蒙起到了振聋发聩的作用，中国传统教学论开始进行现代化的思考与变革。魏源也同样抨击汉学、宋学，主张向西方学习，提出“师夷长技以制夷”的进步主张。魏源重视教化，认为教与化是教育工作的两个方面；这与教学的教育性具有同质的思想。他主要借解说经传、阐发经义的形式说明自己的思想、讽刺时政，可见其对传统教学论中引经据典的方法论的继承。尽管后来由洋务运动所引发的教育改革，提出“中学为体，西学为用”的主张，以及维新改革所带来的教育理想与实践都没有脱离“学习西方以自强”这样的思维困境，但是，这个时候教学论的发展已经开始朝着西方的理性与科学迈出了步伐。

(2) 全面学习、借鉴西方教育思潮的教学论形成时期

20 世纪初，中国教学论进入了新的发展阶段。封建统治的瓦解及五四运

动的启蒙使得人们开始全面学习、借鉴西方传入的各种教育思潮。此时的教学论思想的发展目标不再是维护旧有的封建统治，而是去寻求中国的自强与发展。人们试图通过教育教学的途径教化人们，转变人们的思想意识。从这个意义上说，尽管其本质依然将教学论与国家、政治相联系，但是已经有了解放思想、学术自由的意识，中国教学论的发展开始了科学化的进程。现代教学论在此阶段形成，是从学习西方较为成熟的教学理论开始的。比较有影响力的是实用主义教育思潮、科学教育思潮以及乡村教育思潮等。本部分主要探究不同思潮对中国教学论科学化进程的影响，对具体内容不作详细阐述。

20 世纪 20 年代杜威的实用主义教育理论在中国广泛传播并受到很大程度的重视。中国传统文化心理上一个重要的民族特性便是“实践理性”，它要求人们关注现实社会生活，不作纯粹抽象的思辨，也不让非理性的情俗横行，事事强调“实际”“实行”。[①] 这与杜威的实用主义哲学有契合之处，所以较容易为当时的人们所接受。实用主义教育思潮对中国当时的课程及教材产生重要影响。20 世纪 20 年代我国的课程改革，从总体上说，是我国第一次以现代教育理论为依据、体系较为完整的课程体系。[②] 它打破了传统课程的框架，使教育与社会、儿童紧密地联系起来。除此之外，实用主义教育思潮还影响了当时的教学方法的变革。特别是杜威的“从做中学”，使得教育界纷纷强调学校中的课程及学习要以儿童为基础进行安排。许多符合“从做中学”原则的教学试验纷纷进行，比较有影响力的是设计教学法和道尔顿制。实用主义的教育主张无疑对现代教学论的科学发展具有积极的推动意义。但是，社会条件的制约以及实用主义教育思潮自身的缺陷，使得实用主义教育思潮在中国悄然落幕。

现代教育家任鸿隽（1886—1961）首先提倡科学教育，并于 1915 年在

① 张瑞璠，王承绪. 中外教育比较史纲（近代卷）[M]. 济南：山东教育出版社，1997：262.

② 张瑞璠，王承绪. 中外教育比较史纲（近代卷）[M]. 济南：山东教育出版社，1997：263.

《科学》杂志上发表《科学与教育》一文，主张将科学引进学校教育内容，应用科学方法于教育领域。陈独秀、李大钊等人对科学教育也有重要的论述。他们都认为在科学活动中，要获得正确的认识必须是由理性的自觉参与活动的人才能够达成；他们都提倡以归纳和演绎为核心的形式逻辑的认识方法。他们通过对近代化的反思，提出了重视理性、自主和形式逻辑的近代科学观，不仅对西方近代科学发展和中国传统科学思想作了总结，还强调了科学与人的启蒙、人的解放、人的近代化的密切关系，在科学教育思潮的发展演变中有重要地位。① 随着科学教育思潮的影响深入，我国教育界开始尝试以科学的方法研究教育、教学。1920 年，北京高师和南京高师建立了心理实验室。廖世承、陈鹤琴开设测验课并用心理测验测试学生。除此之外，关于教学方法的改革与实验也同时进行，20 世纪 20—30 年代的教学方法的实验开始有系统有组织地进行。更重要的是在科学教育思潮的影响下，人们开始意识到教育、教学是一门科学。作为一门科学，必须有一支专业研究队伍。1920 年 1 月，北京高师创办教育研究科，举行入学试验。从严格意义上的教学论学科来说，中国教学论自此才以一门独立的科学进入人们的研究视线。

乡村教育是 20 世纪 20 年代兴起的有影响力的教育思潮。它是针对农村的衰败及危机，试图通过从教育农民着手改进乡村生活和推进乡村建设。其实质依然与“教育救国”一样，把解决乡村的落后、愚昧、贫困等问题与教育改革相联系；同时受到西方教育实验的影响，效仿建立农村教育实验区，进行乡村教育实验。比较有影响力的是中华职业教育社的农村改进实验、陶行知的晓庄师范学院和山海工学团实验、中华平民教育促进会总会的定县实验、梁漱溟的乡村教育实验。本研究认为，从方法论的角度而言，乡村教育思潮对教学论的贡献在于实证主义范式的应用。由于在乡村教育实践中，建立乡村教育实验区，必然要将社会调查作为开展实验工作的前提，这实质上是一种实证主义范式的应用。尽管由于乡村教育的失败，在随后中国教学论

---

① 张瑞璠，王承绪. 中外教育比较史纲（近代卷）[M]. 济南：山东教育出版社，1997：275.

的发展中，实证主义范式未得到普遍重视，但是开展的种种实验，取得了丰富的成果，不仅对当时的教学论发展产生影响，也为今天的农村教育改革提供了宝贵的经验。

2. 近现代教学论的主动建构阶段

中国现代教学论的发展在两个时间点上具有重要的意义：一是新中国的成立，中国重新面临着由于国情所决定的封闭状态而转向全面学习苏联。这时期教学论的发展也受政治因素的影响学习马克思主义的教学论思想体系。时至今日，马克思主义哲学作为方法论依然深刻影响着中国现代教学论的建设与发展。第二个具有重大意义的时间点是改革开放。改革开放后，中国教学论的发展面临着对西方教学论思想的引进与解读、借鉴与反思问题，这时期西方在 20 世纪七八十年代所流行的解释主义、现象学以及后现代主义等对中国现代教学论的发展起了重要的作用。

（1）马克思主义哲学作为唯一方法论的教学论学科发展

马克思主义哲学通过吸取黑格尔辩证法的合理内核、摒弃其唯心主义的外壳，并且批判地借鉴费尔巴哈的唯物主义哲学、克服其直观性及消极性的过程中，发展了辩证唯物主义和历史唯物主义观，正是在辩证唯物主义和历史唯物主义的基础上，才创立了马克思主义政治经济学，发展了科学社会主义理论。辩证唯物主义和历史唯物主义构成了完整的科学世界观和方法论。马克思主义哲学是在进行革命理论和实践活动基础上发展的，但是，对于教育、教学问题也十分关注。在关于马克思主义哲学的诸多著作中，有许多以马克思主义哲学、政治经济学为方法论依据，对教育、教学的相关问题甚至根本问题作了深入的研究。

马克思主义哲学关于教育、教学的问题首先涉及的是教育、教学的性质与作用问题。根据马克思主义哲学的社会存在决定社会意识这一基本观点，教育、教学是人类社会特有的现象与活动。人类就是通过教育、教学这一特有活动传递人类的文化从而使得人类自身得以不断地繁衍与发展。“一个阶级是社会上占统治地位的物质力量，同时也是社会上占统治地位的精神力量。支配着物质生产资料的阶级，同时也支配着精神生产资料，因此，那些没有精神生产资料的人的思想，一般是隶属于这个阶级的。占统治地位的思想不过是占统治地位的物质关系在观念上的表现……”① 因此，由经济关系以及在此基础上的政治关系、社会关系等组成的关系体决定教育、教学的性质与作用。当然，教育、教学对社会的作用也不可忽视。以人类自身的生产而言，作为自然实体的人的生产，也只有在人类社会教育的影响下，才能得到正常的发展，并使人的自然素质获得改善。而作为社会实体的人的生产，则更是只有通过教育，使新生一代首先掌握人类社会已有的生产经验和社会生活方式，才能成为一定社会的社会人。② 教育的对象是人，因此关于人的本质问题成为马克思主义哲学探讨教育的根本问题之一。马克思主义哲学认为，人们在社会实践活动过程中必须形成一定的社会关系，并在此基础上进一步结成政治关系、思想关系等，从而这些关系的总和决定了人的本质和人的发展。换言之，在辩证唯物主义与历史唯物主义的基础上，马克思和恩格斯将人的本质和发展问题与社会历史发展紧密联系，得出了人的本质“在其现实性上，它是一切社会关系的总和”的结论。③ 那么，遗传因素不过是为人的发展提供了一种物质前提，人的智慧、性格、才能等的形成与发展是受社会环境和教育所决定的。这从人的本质与发展的角度进一步论证了教育、教学的作用。在探讨教育、教学的性质与作用以及人的本质基础上，马克思主义哲学批判了资本主义的生产方式，认为“工场手工业把工人变成畸形物，它压抑工人的多种多样的生产志趣和生产才能，人为地培植工人片面的技巧……个体本

---

① 中共中央马克思恩格斯列宁斯大林著作编译局. 马克思恩格斯选集（第1卷）[M]. 北京：人民出版社，1995：98.

② 滕大春. 外国近代教育史 [M]. 北京：人民教育出版社，1989：407.

③ 中共中央马克思恩格斯列宁斯大林著作编译局. 马克思恩格斯选集（第1卷）[M]. 北京：人民出版社，1995：56.

身也被分割开来，成为某种局部劳动的自动的工具”①。因此，要改变旧有的生产方式，减少劳动时间，使“每个人都有充分的闲暇时间去获得历史上遗留下来的文化——科学、艺术、社交方式等等——中一切真正有价值的东西”②，使人类获得全面而自由的发展。教育、教学就是要培养全面发展的人，而培养全面发展的人，就必须与生产劳动相结合。教育与生产劳动相结合的理论和人的全面发展理论是密切相连的，它们都是马克思主义哲学关于教育、教学的基本观点。

19 世纪末，中国人就已经开始认识、谈论马克思、恩格斯以及他们的理论，但是，仅仅是作为传入中国的一种学说来介绍，既没有专门的解释，也不为人所重视。五四运动以后，我国开始了对马克思主义的宣传和学习。同时期，马克思主义教育思想也开始得以传播。其中，对于马克思主义教育思想传播较多的是李大钊、陈独秀以及杨贤江等人。尽管如此，由于历史、政治等原因，马克思主义教育思想并不是最有影响力的教育思想。直至新中国成立，马克思主义成为中国学习苏联教育、教学思想体系的重要方法论桥梁。马克思主义哲学及马克思主义哲学关于教育、教学的观点是运用辩证唯物主义和历史唯物主义考察、研究、解决教育、教学问题。从方法论角度而言，对于教育学、教学论研究中的唯心主义史观和形而上学予以科学的批判，从而为教育学以及教学论学科的发展奠定了较为科学的方法论基础。在中国现代教学论建构的几十年历程中，作为唯一的明确的方法论，指导教学论学科发展成为科学的、体系的、辩证的理论。

伊凡·安德烈耶维奇·凯洛夫是苏联著名教育家，其著作《教育学》是 20 世纪五六十年代在中国有广泛影响的教育学思想著作。凯洛夫《教育学》中所体现的方法论以及教学论思想深刻影响着今天的中国教学论的学科发展。

---

① 中共中央马克思恩格斯列宁斯大林著作编译局. 马克思恩格斯选集（第 3 卷）[M]. 北京：人民出版社，1995：642.

② 中共中央马克思恩格斯列宁斯大林著作编译局. 马克思恩格斯选集（第 3 卷）[M]. 北京：人民出版社，1995：7.

凯洛夫《教育学》是教育史上是第一本力图用马克思列宁主义基本原理阐述社会主义教育规律的理论专著,[①] 其中关于教学的思想是力图在马克思主义认识论基础上建立的教学论思想体系。因此，关于马克思主义哲学对中国教学论学科发展的影响就不得不提凯洛夫的教学论思想。从马克思主义的认识论出发，凯洛夫的教学论首先肯定学生掌握知识的过程是一个认识过程，并且认为学生掌握知识的过程和人类在其历史发展中认识世界的过程具有共同之处，因此教学过程就应以科学的认识论为基础，进行组织和安排。凯洛夫的教学论思想在马克思主义认识论的基础上阐述教学过程的本质后，进一步就学生学习系统知识、学习知识与发展能力以及教师与学生的关系等教学基本问题上进行了深入的探讨。“每一个体都必须亲自去经验，这不再是必要的了，它的个体经验在某种程度上可以由它的历史祖先的经验的结果来代替。”[②] 因此，学生的学习过程是掌握人类已积累的文化科学知识，是以接受“间接经验”为主。而教学过程就是一个“由生动的直观到抽象的思维，再由思维到实践，这便是认识真理，认识客观现实的辩证法的路线”[③]。学生掌握了系统的科学知识，就可以在此基础上促进认识能力（观察力、注意力、记忆力、想象力、思维力等）的发展。关于教师与学生的关系，凯洛夫的教学论思想非常强调教师的作用，甚至认为“教师的每一句话对于学生来说都具有法律的性质”。[④] 正是因为对于教师作用的过度重视，后来的学者在对凯洛夫的教育学及教学论思想进行总结与评价时将其归到传统教学论思想范畴之内。

由于凯洛夫的《教育学》及其教学论思想是作为用马克思主义立场、观点和方法论述教育、教学问题，揭示教育本质的理论经典而传入我国的，又

---

① 毛礼锐，沈灌群.《中国教育通史》（第六卷）[M]. 济南：山东教育出版社，1989：96.

② 马克思恩格斯全集（第4卷）[M]. 北京：人民出版社，1972：365.

③ [苏] 凯洛夫. 教育学 [M]. 沈颖，南致善等译. 北京：人民教育出版社，1953：60.

④ [苏] 凯洛夫. 教育学 [M]. 沈颖，南致善等译. 北京：人民教育出版社，1953：58.

是作为世界上第一个社会主义国家的教育学著作被我们所接受的，所以，它的影响渗透到中国教育、教学理论和实践的方方面面，并一直延续至今。而凯洛夫《教育学》及其教学论思想之所以传入中国并产生深远影响并非没有原因，其中既有政治上的需要，也是新中国教育学、教学论自身发展的渴求，同时也在于凯洛夫《教育学》及其教学论思想与中国传统文化有契合之处。首先，中国传统文化中有大一统的思维倾向和崇尚权威的思维惯性。在我国传统文化中，“大一统”的观念自董仲舒后几乎成了历代统治者的主导专政思想，而在大一统的思维倾向中所隐含的是对权威、统治者阶级思想的全面认同的思维惯性。因此，凯洛夫的《教育学》强调有统一的教学大纲、统一的教学计划、统一的教科书，而且有统一的考试和统一的标准答案，这就使得凯洛夫《教育学》有了在中国落地生根的民族心理土壤。另一方面，凯洛夫《教育学》的权威性以及在中国政治推动力下所产生的广泛影响也迎合了中国传统文化中对权威的崇尚心理。其次，中国传统文化中关于教育、教学的约定俗成的习惯与凯洛夫《教育学》以及教学论思想有较多的相似之处。中国传统文化中的教育、教学过程非常强调“书中自有黄金屋，书中自有颜如玉”以及“唯上、唯书”的思想，并且将经学典籍“四书”“五经”视为教学经典，是必读之物。而凯洛夫认为“教科书对于学生来说，是知识的主要源泉之一”①，“教科书包括着基本原理和学生独立学习的材料，加深和巩固着教师上课时所讲授的那些教材；包括着学生必须领会的知识”②。可见二者都非常强调教科书以及系统知识的作用。凯洛夫非常重视教师的地位与作用，在其关于教师作用的论述中有明确的体现。这与中国传统文化中“天地君亲师”“师道尊严”等尊师、重视教师的思想有异曲同工之处。

作为一本经典的以马克思主义基本原理作为方法论基础的教育学、教学

---

① ［苏］凯洛夫．教育学［M］．沈颖，南致善等译．北京：人民教育出版社，1953：126.

② ［苏］凯洛夫．教育学［M］．沈颖，南致善等译．北京：人民教育出版社，1953：126.

论著作，凯洛夫的《教育学》无疑推动了中国教学论学科进一步朝着科学的方向发展。在关于教学过程的本质、教学的地位与作用、教学与人的关系等等教学论基本问题的认识上都具有重要的方法论意义与启示。时至今日，关于教学中许多基本问题的阐释，我们仍然要以马克思主义哲学为指导，尽管人们关于教学论的认识不断深入与发展，但马克思主义哲学作为方法论对教学论学科的推动作用是无法抹杀的。

(2) 多元文化背景下诸多哲学流派对教学论发展的影响

改革开放、重新打开国门，中国开始进行全面的社会主义经济与文化建设。与此同时，中国传统文化面临着西方文化的涌入与冲击，教育领域也不例外。在教学论领域中，西方的教学论思想以及哲学思想体系以各种各样的形式被引入中国，冲击着中国现代教学论的发展进程。中国教学论面临着如何介绍、解释、借鉴与批判西方教学论思想和西方哲学思潮的问题，教学论思想的多元和哲学作为方法论指导的多元是中国教学论研究者必须面对和解决的问题之一。而这种教学论研究中的问题或现象直接折射的是世界多元文化背景。当今世界的发展愈来愈表现出深刻而有趣的现象：一方面不同国家、不同民族及其体现的不同文化，越来越呈现出复杂化、多元化、异质化的特征；另一方面，不同国家、不同民族所体现的不同文化逐渐融合、日益交流与统一。这种世界多元文化是教学论学科发展所处的文化背景，深刻影响着中国教学论的发展与构建。改革开放之后，中国教学论就必须应对 20 世纪五六十年代的有影响力的教学论思想和哲学思潮的影响，同时还受到当代哲学思想流派的思想冲击。从方法论意义上来说，对中国改革开放以后教学论发展具有推动作用的有人本主义、现象学、解释学、存在主义、后现代主义、批判理论、女性主义、后结构主义等等哲学思潮。本部分将对具有较大影响力的几种哲学思潮作一个分析，其中并不着重介绍它们的基本观点，而是深入分析它们对中国现代教学论建构所产生的方法论意义。

①以人为本——人本主义哲学思潮对教学论思想内核的改变

人本主义也称为“人本学”，英文为 humanism，来自拉丁文的 humanitas。人本主义既是一股普遍持久的社会思潮，约始于十四五世纪意大利的文艺复兴运动，贯穿于法国的启蒙运动、空想社会主义学说、德国古典哲学，同时也是一种哲学范式，影响哲学家重新思考哲学中的基本概念与范畴，更是一种价值观念，促使人们重新思考社会实践活动中人的价值。以往的哲学一直以理性、物质、意识、思维等基本概念为逻辑起点表达着对世界的认识与反思。而归根结底，人既是具有丰富可能性潜质，又具有不断超越其实现了的成为显在本质规定性的存在物。① 因此，人本主义强调对人性、人的价值、人的权利和地位的尊重。人是具有终极性和本原性的存在，理性、意识、物质、思维等无一不是人生存与发展的工具与手段，人才是目的与意义。作为一种价值观念，人本主义价值观把人的生存作为终极的、无条件的、永恒的价值和意义所在。以人本身的存在为终极目的，这种价值观与以幸福、真理、善良、美丽、知识等作为价值、意义、目标的价值观相比具有优先性，是人的一切价值和意义的根据和源泉。②

在人本主义哲学作为方法论的基础上，人本主义教育思想的核心转向人的价值和尊严，更多地强调自我、自我实现、创造性、主动性以及能动的选择性，认为教学必须以学生的需求、兴趣为中心。而在 20 世纪 70 年代后期，整个教学论的发展经历着人本化的思想流变。人本主义的教学论主张培养人的卓越智力、发展人的人格素养，构建以人为中心的课程体系和教学方法。长期以来，在科学理性、技术理性倡导下的教学论仅仅将视线胶着于教学技术的进步、教学方法的有效、教师作用的发挥等等，就显得不合时宜与落后。正如有学者所说，历史是由时间一页一页地翻过去的，但在现实存在的空间却留下了重重叠叠的足迹，这些足迹自然呈现着五彩的思想，但是它却都在

---

① 陈树林. 对人本主义哲学的反思［J］. 山东科技大学学报（社会科学版），2003（04）：51-53.

② 陈树林. 对人本主义哲学的反思［J］. 山东科技大学学报（社会科学版），2003（04）：51-53.

执着地描绘着一个大写的“人”字。[①] 因此，尊重人的尊严与价值，主张发展人性和追求自我实现就成为教学论现代发展的必然取向之一。教学论的人本主义取向或流变似乎成为教学论发展的必经之路，那么，作为中国改革开放后积极发展的现代教学论就必须面对这一“以人为本”的教学论取向。越来越多的文章和著作开始重视教学论发展中人本主义思想的探讨与研究（较具有影响力的文章如《让课堂焕发出生命活力》等），同时，以人为本的教育、教学实验也逐步展开（如新基础教育实验）。在中国现代教学论的建设中，人本主义必然是影响教学论发展的重要哲学思潮之一。因为，“以人为本”、关注教学过程中的教师与学生本身成为教学论中不可或缺的基本范畴之一。

②人文社会科学——解释学与现象学对教学论学科性质的进一步确认

解释学是当代西方重要的哲学思潮之一，最初是与理解圣经、解读神学联系在一起，经历了神学解释学、文献解释学的阶段。19 世纪德国哲学家 F. D. E. 施莱尔马赫（1768—1834）致力于圣经释义学中的科学性和客观性问题的研究，提出了有关正确理解和避免误解的普遍性理论，使神学的解释成为普遍解释理论的一种具体运用。W. 狄尔泰认为要理解人类行动的意义，需要从行动者的内部去把握其主观意识和意图。[②] 这样，就将解释学进一步推动至认识论解释学阶段。20 世纪的德国哲学家 M. 海德格尔把传统解释学从方法论和认识论性质的研究转变为本体论性质的研究，从而使解释学由人文科学的方法论转变为一种哲学，并发展成为哲学解释学。“hermeneutics”（解释学）源自于希腊语（ἑ ρμ ή νευω），意思是“了解”。解释学即是一个解释和了解文本（包括行为和活动）的哲学技术，被描述作为诠释理论并根据文本本身来了解文本，强调忠实客观地把握文本和作者的原意。解释学源于对当时

① 杨启亮. 困惑与抉择——20 世纪的新教学论［M］. 济南：山东教育出版社，1995：424.

② 转引自诺曼 · K. 邓津（Norman K. Denzin），伊冯娜 · S. 林肯（Yvonna S. Lincoln）. 定性研究（第 1 卷）：方法论基础［M］. 风笑天等译. 重庆：重庆大学出版社，2007：208.

占有统治地位的实证主义的回应与质疑，它们之间的争议在于人文社会科学与自然科学在本质与目标上存在着根本差异。自然科学面对的是自然现象，而人文社会科学研究的是精神现象，或者说社会—生活现实；前者是僵死的、没有内在生命的、无意识的，而后者则是有目的性的存在，具有历史性、社会性，从而具有价值意识的。因此，由于主题的不同，必然引起研究方法的不同。

传统教学论是将教学活动从人类的整体文化和历史长河中抽离出来，加以思维层面的逻辑演绎，构建教学论思想体系的，因而在一定程度上并不能够把握教学的本质，从而解决现实的教学问题。实证主义力图将教学这一特殊的社会活动简化成为数量与物，这样就不能把握作为人类文化中一部分的“教学”。解释学从精神科学，更确切地说，将教学论视为人文社会科学的角度去研究教学，建构教学论体系。它将教学视为一种特殊的人类精神活动，并且这种活动并不是孤立的存在，而是与人类的文化紧密相连的。教学作为传承、保存、创造人类文化的活动，不能脱离人类的精神活动——文化的相互渗透、相互生成与影响。因此，教学及教学中的人不能通过抽象的存在来把握，也不能将其物化、数量化予以测量，而要将其作为在人类文化历史长河中具有生命力、价值和意义的文化关系中去“理解”，这是解释学对教学论研究的重要启示。从根本上来说，解释学对于教学论发展的“理解”与描述的理论前提是教学论作为一门人文社会科学。尽管当代关于教学论的学科性质已然得到人们的一致认同，但是对于教学论作为一门人文社会科学以及它可能的研究方法和研究取向并没有进行深入的理解与剖析。

现象学，英文 phenomenology，是 20 世纪西方流行的一种哲学思潮。狭义的现象学指 20 世纪西方哲学中德国犹太人哲学家 E. 胡塞尔（ Edmund Husserl ，1859—1938）创立的哲学流派，其学说主要由胡塞尔本人及其早期追随者的哲学理论所构成。广义的现象学除了胡塞尔哲学外，还包括直接和间接受其影响而产生的种种哲学理论以及 20 世纪西方人文学科中所运用的现象学原则和方法的体系。现象学的焦点是客体及其意识结构，研究目的是通过对研究对象——客体的描述，揭示客体产生行为或思想的主观意识结构，而揭示主观意识结构的目的在于解释事件或者行为，表明其重要性。从方法论意义上，现象学是高度重视技术的，正如胡塞尔所说，现象学不是一门经验科学，而是一门先验科学，这门先验科学只是把经验事实作为例证，即通过一系列的调适——括号和简略——现象学家找出主体性的特征，以这些特征来“坚守一切可想象的修正”。① 现象学作为一种哲学思潮进一步推动教学论的人本主义流变取向，因为运用现象学的技术和手段去进行教学论研究，体现了对教学活动中人的关怀。除此之外，运用现象学解释教学活动和教学现象，丰富了教学思想的实践材料，对于教学论的深入发展和理论形成有积极意义。

③学科群的发展——后现代主义哲学对教学论发展的影响

后现代主义（Post-Modernism）产生并发展于 20 世纪 60 年代左右，最早出现在建筑学中，其含义是指那种以背离和批判某些古典特别是现代设计风格为特征的建筑学倾向，后来广泛存在于艺术、美学、文学、语言、历史学、政治学、社会学、伦理学、哲学等意识形态的诸多领域，并且以否定、超越西方近现代主流文化的理论基础、思维方式、价值取向为基本特征，形成具有重大影响力的社会思潮。因此，有人说后现代主义与其说是一种运动，还不如说是一种情绪。② 这种情绪强烈地表达了对现代社会中客观性、绝对性、二元对立等思维的不满与批判，挑战了现代社会人们所持有的价值观念、理论假设、方法与态度。后现代主义哲学是伴随着现象学、分析哲学的式微和存在主义、结构主义的衰落，以后结构主义和新解释学的兴起为标志而登上当代思想舞台的。③ 如前所述的解释学与现象学，从广泛的思维形式出发，就属于后现代主义哲学中的一部分。如果我们要进一步理解后现代主义哲学，

---

① Edmund Husserl，Ideal，trans. W. R. Boyce Gibson（New York：Collier/Macmillan，1962），p. 6.

② ［美］奈尔·诺斯丁. 教育哲学［M］. 许立新译. 北京：北京师范大学出版社，2008：87.

③ 赵光武. 后现代主义哲学述评［M］. 北京：西苑出版社，2000：1.

反思与之相对应的现代主义会更有意义。

现代主义不是一种哲学观念或者理论体系，而是长期以来占据统治地位的文化传统，具体指向于一种思维方式、价值观念。现代主义在教学论理论中的反映有如下特点：第一，现代主义认为知识是确定性的，是对自然界和人类社会完全和科学解释的结果。那么人类对教学活动以及教学现象是可以完全认识的，并且认识的结果形成科学的理论体系，这就是教学论。第二，现代主义认为解释自然界和人类社会不仅要掌握确定性的知识，还要把确定性的知识根据其独特的概念、逻辑体系、研究模式构建成不同的智力学科。不同的智力学科就构成教学实践活动中的教学内容——各种分科知识体系。第三，不同知识构建的学科体系为社会的进步与发展提供了可靠的知识基础。在提到关于教学过程的本质及其作用时，普遍认同的理念是知识是能力的基础，教学过程是传承人类文化、创造人类文化的过程，那么，掌握基本知识是一切可能发展和创造的前提。第四，现代主义坚持理性是人类认识世界、获得知识的根本。换言之，理性所代表的是一种宏大叙事的研究范式，这种研究范式能够解决人类遭遇的各种难题。现代教学论的构建就一直秉持着理性的发展逻辑，以此为基础建构其理论体系，并且认为教学论的学理性能够解释、解决现实中的教学实践问题。

后现代主义哲学的主要论调就在于质疑现代主义所持有的前提与假设。后现代主义认为，当前社会是一个文化多元、多样的社会，在这样的多元社会，对任何一种占据统治地位的认识、世界观、价值体系，都应予以质疑、挑战与批判。自然界和人类社会中的一切都可以从不同的视角去审视。因为，从不同的视角观察，都可以为问题或现象寻找到合理的解释。不同的视角就是指不同的观点，如女性主义、宗教观等等。从哲学角度审视，以伽达默尔为代表的新解释学，以福柯、德里达为代表的后结构主义以及以蒯因、罗蒂等人为代表的新实用主义，均是后现代主义哲学的主要形态。后现代主义哲学的基本特征是主张反对和超越心物二元论、一元论和决定论；反对基础主义、本质主义、理性主义和道德理想主义；反对主体主义和人类中心主义。①后现代主义的出现契合了当代社会发展对哲学的反思与需要，并且以振聋发聩的声音告诉人们，去质疑与批判一切确定性的东西。对于教学论来说，尝试以多种理论作为基础、多种研究范式进行研究是质疑教学论理性与科学的路径。因此，教学论学科在当代社会的发展呈现出多元化的趋势，具体表现是教学论学科群的发展。人们开始尝试从哲学、社会学、心理学、伦理学、文化学、生态学、经济学、病理学、卫生学、“三论”等角度研究，形成教学哲学、教学社会学、教学心理学、教学伦理学、教学文化学、教学生态学、教学经济学、教学病理学、教学认识论、教学系统论、教学控制论、教学信息论等等；除此之外，还形成了教学美学、教学动力学、教学环境论等拓展性教学论，从而充实教学论的整体发展，构建起丰富多姿的教学论学科群。从后现代主义哲学的基本观点出发，其最主要的方法论启示在于主张人类对于确定性知识的质疑与反思。无论如何，反思与质疑才能够不断促进人类的发展与社会的进步。而另一方面，其所倡导的反基础主义、反理性主义、反本质主义的思想很容易导致无道德、无标准、无政府等有危害的思想，因此，对其的认识和使用还是要有所保留的。

总之，后现代主义是动摇了现代思想的整个结构的一种情绪。它挑战了人们所怀有的假设、方法、态度、思想模式和价值观。对于教学论研究来说，后现代主义很好地启示、帮助我们如何更好地思考教学问题以及思想教学问题的方式，但同时也要注意后现代主义所具有的偏执性的危害，以抵制后现代的流行带给教学论研究的诱惑。运用后现代主义哲学思考教学问题，并不意味着接受后现代主义的每一个词汇与声音。

3. 近现代教学论发展的方法论反思

近代西方教育思潮在中国的广泛传播体现了国人“师夷长技以制夷”和

---

① 赵光武. 后现代主义哲学述评［M］. 北京：西苑出版社，2000：9.

将西学视为求强求富、救国图存的观念。因此，当时中国教学论的发展主要是全面学习西方的教学理论，因为与西方的教学论相比，中国的教学论缺乏科学与理性的探究，更多是基于经验的反思与总结。全面学习西方教学论的结果一方面是推动了教学论的科学化与现代化，另一方面，由于缺乏对科学理性以及方法的深刻反思与分析，使得中国现代教学论学科的发展始终存在着逻辑规范的缺失与对实践、实证的淡漠。正如有学者所说的，西方自休谟以至康德以来就一直在对人类理性认识的能力与科学方法适用的范围，进行批判的检定。这使得他们的文化在现代文明的进程中，并没有走向极端的科学化。而在中国现代教学论发展的形成时期，尽管实证主义具有对理性的反思以及形而上的沉思，却并未因乡村教育实验而在中国教学论学科发展的历史中引起足够的重视。因此，当回首总结被动发展阶段的教学论学科，我们可以将这个阶段的教学思想视为一个逻辑联系的整体，因为此阶段的教学论学科追求教育的革新与教学论的科学化是共同的逻辑关联点。而由于历史的原因及思想的局限性，必然使这个时期的教学论带有“教育救国”这一历史命题的浓重色彩。

教学论发展的主动建构阶段，方法论呈现一元与多元的取向。一元的取向是马克思主义哲学。以马克思主义认识论为基础，中国教学论的发展开始走向主动建构和发展的道路。马克思主义认识论是唯物主义认识论的高级阶段和科学形式，是关于认识的本质、来源、发展和基本规律的科学理论。以马克思主义认识论指导教学论，首先认为教学过程是人类的特殊认识活动。特殊认识活动的特殊性决定了教学的过程、教学计划、教学内容以及教学实施等一系列教学论基本问题。在一系列相互联系的基本理论问题基础上，建构了教学论的基本理论体系，形成了初具科学性和理性的教学论基本内容。多元的取向是自改革开放以后面对诸多学科的发展和时代的需求，教学论为发展自身和满足社会对教学提出的新要求，开始运用多样的哲学思想、多种学科思想探讨教学论的基本问题，从而提出的对教学论的不同认识和有所区别的理论体系。

四、分析与阐明：中外教学论发展的方法论比较

事物都是因为比较而存在，显出其自身的价值，这是辩证唯物主义的一个基本观点。没有比较，就没有鉴别，就无法区别事物的共性与个性、发展与变化、前进与落后、正确与错误以及孰优孰劣。因此，比较就成为认识事物的一种方法。通过比较，才能对事物进行正确的、客观的事实判断与价值判断。通过前文梳理与总结，特别是分述了中外教学论学科发展的不同方法论之路，使得我们对教学论的发展历程有了较为清晰的认识。那么，如果要进一步探究中国教学论学科发展的生长点，就必须比较中外教学论发展的历程。通过比较，阐明中外教学论发展中的共性与特性，并深层次地挖掘其背后的方法论根源，以此来更好地借鉴先进的或者更加成熟的教学论思想，来推动中国教学论学科的建设与发展。本部分的比较，将遵循以下原则：第一，整体比较原则。即将教学论学科作为一个整体进行比较，不单纯就某人或某一教学论思想进行比较。教学论学科本身是一个有机统一的整体，因此要将比较着眼于教学论整体，去分析教学论学科发展的共同规律和特殊规律以及各自特点。第二，动态比较原则。教学论学科的发展是动态发展的过程。任何教学理论和教学实践，通常是与一定的历史阶段相适应的，并且不是一成不变的，而是随着历史的更替、时代的推移而不断发展演进和不断完善的。因此，教学论学科的比较研究一定要坚持动态比较原则，用“动”的眼光去衡量教学及其有关的各种因素与力量，去分析中外教学论发展的动向与趋势。第三，客观比较原则。研究本身就是严肃和科学的事情，研究者进行比较应

该秉持客观中立的态度对教学论的学科发展进行客观的事实判断与价值判断。本部分主要通过比较，分析、阐明中外教学论发展中的共性与个性，在此基础上，进一步探究今天的教学论学科发展的方法论层面的根本不同之处。

（一）中外教学论发展中方法论的共性

马克思主义哲学基本观点认为，共性指不同事物的普遍性质，即事物的普遍性；个性指一事物区别于他事物的特殊性质，即事物的特殊性。共性和个性是一切事物固有的本性，每一事物既有共性又有个性；共性决定事物的基本性质，个性揭示事物之间的差异性。教学论的共性是教学论学科的普遍性质，是中外教学论发展过程中的共同特点。个性是教学论学科的特殊性质，是中国与国外教学论发展中所展示的不同的学科特性，特别是在不同文化背景与历史条件下，教学论作为文化的一种表现形式所反映的不同国家的文化差异与价值差异。但是在这里，本研究重点探讨的是在方法论有所差异的情况下，中外教学论所反映的不同特点，而对于文化、价值、历史条件等不作具体研究。因此，基于教学论长期以来受惠于哲学方法论的影响，哲学方法论将是首先应该比较的对象之一。在方法论比较的基础上，才能进一步探讨教学论的共性与个性。

从教学论发展的历史来看，教学论一直是随着哲学理论的发展而发展的。在每一种教学理论与实践的背后，都有某种哲学理论作支撑。正是由于教学研究者哲学观念的不同，才导致了教学理论与实践的千差万别。教学与哲学自古以来就存在着非常密切的关系。中外教育史上的教学理论和实践都是当时主要哲学思潮的反映，并且随着这些哲学思潮的嬗变而不断变化和发展。在古代，教学问题尚未成为一个独立的研究课题，探讨教学乃至教育问题的人主要是一些哲学家、政治家和思想家。他们从自己的哲学思想和政治观点出发，在各自的哲学、政治学和伦理学等著作中，就教学的性质、特点、功能、过程和方式方法分别予以阐释，教学思想往往孕育在他们的哲学思想之中，是他们的哲学思想在教育领域的延伸。即便是在教学论作为一门独立的学科开始发展后，哲学也始终作为支撑着教学论的方法论基础而发挥其作用。由此看来，哲学作为方法论或者说哲学方法论一直是教学论的方法论根基，这是中外教学论发展历程中的共性。在具体的表现形式上，主要体现为追求“存在者”的实体思维和关注“辩证”的关系思维。

1. 追求“存在者”的实体思维

实体思维是哲学发展中以对“实体”，即“存在者”的关注为特点的一种思维方式。实体思维推动着哲学朝向理性之路前进，反映在教学论发展中，就是教学论的理性发展。

（1）方法论中实体思维的表现

在哲学发展的早期，特别是自然哲学中，人们的思维并没有摆脱感性的表象思维方式，人们对精神和物质、理性和感性之间的联系与区别，在认识上还存在着模糊、朴素和不自觉的特征。所以才会有巴门尼德的“可被思想的东西和思想的东西是同一的”①；思维超越不了存在，因为“思维不可能思维不存在的东西”②；思维所思的存在也永远是“充满的、现在的、连续的”③；同时，思维也总是有其现成对象的，正如巴门尼德所言，你找不到一个思想是没有它所表达的存在物。他主张在变动不居的现象世界背后，存在一个不变的绝对存在的实体。④ 巴门尼德的思想影响了后来哲学家关于存在的探索。古希腊时期原子论的本原思想是世界哲学史上第一个比较完备的本原

---

① 转引自北京大学哲学系外国哲学史教研室译．西方哲学原著选读（上卷）［M］．北京：商务印书馆，1981：31.

② 转引自北京大学哲学系外国哲学史教研室译．西方哲学原著选读（上卷）［M］．北京：商务印书馆，1981：32.

③ 转引自北京大学哲学系外国哲学史教研室译．西方哲学原著选读（上卷）［M］．北京：商务印书馆，1981：32.

④ 刘富生．巴门尼德的“存在论”对柏拉图的影响［J］．吕梁教育学院学报，2008（01）：3-5.

论。那时候的哲学家追问的都是本原问题，而其本原都是既存的、具体的自然物质。例如，泰勒斯认为世界的本原是水，万物不仅生于水，而且复归于水。德谟克利特是早期自然哲学的集大成者，他总结了先前的自然哲学家关于本原的思想，创立了原子论唯物主义哲学体系，提出了“原子”是构成世界万物的本原，是物质的思想。柏拉图继承并发展了苏格拉底的“本原即万物的普遍本质”的观点和方法，创立了理念论哲学：认为有一个由无数代表着实在对象的“理念”所组成的理念世界。亚里士多德批判地继承并发展了柏拉图的“理念论”，以“形式”与“质料”相统一的世界，试图消除柏拉图“理念论”所描述的“理念世界”与“现象世界”的二元对立。柏拉图、亚里士多德是作为追问“存在者”的主要代表而载入史册的。柏拉图的“理念论”，是把原本属于主体的理念与思维，置于客体的位置之上加以研究，使之成为先于、独立于主体的存在者，这样柏拉图将主客体完全对立，使主体的“理念与思维”客体化，这种“客体化”得到的是精确的认识成果（概念、原理等）。“客体化”是理性主义的一个本质特征。柏拉图的理念论所表达的客体化取向，为亚里士多德的“概念论”作了充分的准备。而亚里士多德的“概念论”所体现的客体化的取向，以及他所制定的形式逻辑规则，作为理性主义的基本工具，有力地推动了认识“存在者”的哲学和科学工作。他们所确定的理性主义路线，成为以后西方哲学发展的主流。在古希腊哲学中，由于缺乏自觉的主体意识，所以大都只能在主体与对象的关系之外看待主体与对象关系的各个方面和层次。哲学家们或者以对象世界的眼光看人，或者以人的眼光看对象世界。如普罗泰戈拉认为：“物质是一切事物的原因，由于一切事物有赖于物质本身，所以物质能够成为（对我们的）一切事物。”[①] 因此，我们说古希腊哲学对主体和对象关系的各个方面和层次只是初步作出了简单的、二元对立的划分，进一步的研究有待主体意识的苏醒。

欧洲中世纪哲学的特点是：通过神学——哲学去追问“存在者”，认为上

① ［苏］米·亚·敦尼克．古代辩证法史［M］．齐云山等译．北京：人民出版社，1986：131．

帝是最高的存在、是至高无上的本体。代表人物是法兰西神甫罗瑟林(Rosce-linus，1050—1108）和安瑟尔谟（Anselmus，1033—1108）。前者认为，只有个别事物是存在的，一般知识是人们用来表示个别事物的名称和概念，没有实在性。这种理论被认为是唯名论。而在后者的证明模式中，上帝已经成为实体的存在者了，并认为一般先于个别，是存在于个别事物之外的一种实在，这种理论被称为唯实论。唯名论与唯实论之争，其实质是追问“存在”与“存在者”之争，但是，殊途同归，二者都承认上帝这一最高存在者的存在。这反映了中世纪哲学的特点：将哲学与神学紧密联系，追问的存在者即是上帝。到了中世纪后期，在亚里士多德主义占上风的情况下，哲学思想逐渐转向亚里士多德主义支持的对于“存在者”（非上帝）的关心与追问。这样，“唯名论”逐渐占据了优势，理性得到进一步的发展。

相对于古代哲学，近代哲学的真正贡献是主体意识的觉醒，这种主体意识是一种理性的主体意识。整个近代哲学，无论是知识起源问题上的经验主义，还是知识起源问题上的理性主义，整体上都是理性主义的，这种对理性的强调是由于人的实践对象已经脱离了外在的自然、理念等等，而开始反思人本身的存在了。经验论的主要代表人物弗兰西斯·培根第一个明确提出了必须有一套新工具的思想。尽管他的所谓“新工具”，只是对于归纳方法的重新重视。他主张在获得自然知识的过程中要重视观察、分类等方法。从培根开始的经验论者继承了后期唯名论的主张，转向可感觉、可经验的具体存在者。洛克从经验的层面探讨了认识论的有关问题，建立起其经验论的理论体系。后期经验论者贝克莱和休谟的哲学是洛克经验论的发展，贝克莱说到了个别存在者以及存在者的世界，休谟进一步谈论的是存在者之间的关系（特别是因果关系)。但是，由于他们不能越出经验的界限，所以对“存在者”的本质未能得出确实的判定，更无法去关注每个存在者均处于其中的“整体世界及其存在”。唯理论者看到了经验论的局限，力图在经验之外去寻找保证知识具有普遍必然性的途径。代表人物是笛卡尔。笛卡尔提出“我思故我在”的著名命题，将“思维”与“存在”当作两种实体，以此表示两大类的存在者，他的“我思故我在”中的“思”与“在”即是人的对象性关系在人自身的展开。笛卡尔明确树立“我思”为认识之第一原理，界定存在的根本特性是广袤，并把主体、客体的划分作为科学认识论的必要前提，甚至把“我思”及思维主体也作为认识的对象。这样一来，他把古代理性主义的客体化特征，以知性的方式确切地表现出来了。[①] 笛卡尔的“我思故我在”与“我思”为第一原理的思想将人的地位推到了极致，体现了人的主体意识的觉醒。

康德认为统觉就是自我意识，是意识的统一，统觉只能在自我中进行。“在一切观念里，联结是唯一不能从对象来的。由于综合是主体的自我能动性活动，所以，它只能由主体自身做出来。”[②] 康德将人的主体性作了进一步的发展，并将人的主体性发展到了本体论层次。他认为人的知识的获得必须建立在经验的基础之上，但是另一方面，他认为认识的主体本身也具有一套认识形式，“这些认识形式在经验之先并且作为经验的条件而存在于我们的头脑之中”[③]。这样，经验为知识提供材料，而认识主体则为知识提供了对这些材料加工的形式，所以，知识就其内容而言是经验的，但是就其形式而言则是先天的。另外，他所提出的关于整体世界两套互相对立的理念——二律背反，深刻地证明了由部分（存在者）的累积而推论得出的整体世界，和直接从整体着眼的世界之整体存在，两者根本不是一回事。[④] 由此可见，康德的哲学思想既有“经验论”的特点，又有“唯理论”的因素；既在整合两者的基础上重点建构了他的认识论体系，又追问了本体论问题；既完善了认识“存在者”的“第一知性”，又发展出追问整体性“存在”的“第二知性”。

西方近代哲学的集大成者黑格尔把两者——理性与实际（即思维和存在、

---

① 林可济．追问“存在”，还是追问“存在者”？——从海德格尔的哲学视角梳理西方哲学史［J］．福建论坛（人文社会科学版），2005（09）：39-44.

② 北京大学哲学系外国哲学史教研室．十八世纪末——十九世纪初德国哲学［M］．北京：商务印书馆，1975：66

③ 张志伟．西方哲学史［M］．北京：中国人民大学出版社，2002：538.

④ 林可济．追问“存在”，还是追问“存在者”？——从海德格尔的哲学视角梳理西方哲学史［J］．福建论坛（人文社会科学版），2005（09）：39-44.

主体与对象）统一在了绝对观念中，在这种体系中主体与对象的关系不再是一种直观关系，而是一种双向活动的关系。对象固然是由主体构造出来的，而主体自身同样有一个成长的过程；对象建构的过程和主体成长的过程不是两个外在的过程，而是同一个过程的两个方面。但对于黑格尔而言，再多的客体都只是主体的绝对精神的体现，并且黑格尔对实在生活的实践性的劳动是否定的，“黑格尔唯一知道并承认的劳动是抽象的精神的劳动”①。黑格尔哲学同样呈现出双重性，而且比康德哲学更为复杂。他以自己独创的辩证逻辑来取代古代亚里士多德的形式逻辑，以彻底客体化的绝对理念对应着柏拉图的客体化理念，而把他起初所追问的“存在”，最终转变为“存在者”，从而回归主流的传统理性主义哲学传统；在另一方面，他的辩证逻辑又以追问“绝对”（整体性之存在）为出发点，并以过程的整体性，来表现存在本身在历史中的整体性，从而对存在哲学的发展提供了思想资料。黑格尔的辩证逻辑，以及追问整体性的“存在本身”都反映了其进步意义，但是遗憾的是，他最终用客体化的“绝对观念”来作为认识的最终表现形式，结果对于存在的追问最终复归于“存在者”。

总之，近代的哲学世界观与中世纪建立在信仰基础上的神学（哲学的世界观）不同，它回归理性主义，并在知性认识的层次上重建新观念。在海德格尔看来，从笛卡尔到黑格尔的整个近代西方哲学，是“思考了存在者而遗忘了存在”②。于是，近代理性主义的智慧就表现为：只认识具有广袤性的存在者，而知性概念的抽象概括至多表现了同类存在者的存在（本质、共性），至于思维与存在共同构成的整体世界的存在，就不是感性和知性能力所能认识的了。

综上所述，以追求“存在者”为对象的实体思维在西方哲学史上占有重要地位，发挥着重要影响，是推动西方哲学发展的重要方式。但是，它在作

---

① ［德］马克思著. 1844年经济学哲学手稿［M］. 中共中央马克思恩格斯列宁斯大林著作编译局. 北京：人民出版社，2014：99.

② 刘旭光. 海德格尔与西方思想的两次转渡［D］. 陕西师范大学，2000.

出重要贡献的同时，同样把哲学的发展推到了一个极端。时至今日，科学的知性思维同样将“存在”理解为与“有”相对立之“空无一物”，认为事物是一种与主体相对立的对象物，因此，科学的知性思维只能了解“有”，而不能了解“无”。[①] 在这种主客对立的架构中，我们知觉并且理解实体，实体成为科学的认识对象。

（2）教学论发展中实体思维的表现

实体思维在教学论研究中最明显的表现是认识主体与认识对象之间的二元对立，特别是在以“存在者”为研究对象的前提下，教学论的研究表现出一元、绝对、片面的特点。下面从教学论研究的理论基础、研究对象、研究方法和范式、学科构建、研究者的角色定位等几个方面，来对教学论研究中实体思维的表现进行梳理。

理论基础在研究中起着重要的作用。理论基础的正确与否、多与少，都直接影响着研究的过程与方法、研究结果的科学性、对实践的指导作用等。简单地依托于个别理论体系、片面地运用两三个理论、对理论基础绝对化的认定，都不利于理论研究或者学科的发展，这样的研究是不会有大的发展潜力的。在实体思维的影响下，我国教学论研究的理论基础一直较薄弱。新中国成立以来，马克思主义逐渐成为中国的主流意识形态，我国的各个理论领域都将马克思主义作为理论基础。中国的教学论研究深受苏联教学论研究的影响，教学论的唯一理论基础便是马克思主义认识论，“新中国建立以来，马克思主义在中国教育研究中长期被确认为唯一正确的方法论”[②]。教学论本身在研究的过程中，在指导实践的过程中出现了新的问题。而新的问题如何解决？“一些学者便极力提倡引进后现代主义、建构主义、多元智能等西方哲学思想，并作为重构我国课程与教学论及教学改革的理论基础。”[③] 西方大量的

---

① 张世远．“从无看有”的非对象性思维［J］．哈尔滨工业大学学报（社会科学版），2007（02）：29-34．

② 叶澜．教育研究方法论初探［M］．上海：上海教育出版社，1999：135．

③ 徐继存．教学理论反思与建设［M］．兰州：甘肃教育出版社 2001：181．

思想、流派被纷纷介绍进入国内，掀起来新的“学习西方潮”。这种在“马克思主义哲学观与西方哲学观之间做出非此即彼的二元价值判断”是实体思维简单性和片面性的突出表现。

一门学科能否确立，主要取决于有没有相对独立的研究对象。教学论要进一步科学化，也首先要明确自己的研究对象。因此，明确教学论的研究对象，对于教学论的学科建设与发展具有十分重要的意义。在实体思维影响下的教学论的研究对象，长期以来关注“教学规律”“教学现象”或“教学问题”等方面，这是由于我国的教学论建设深受苏联的影响，在马克思主义这一唯一的理论基础的前提下，教学规律、教学现象、教学问题等成为我国教学论研究的主要对象。王策三在《教学论稿》一书中指出：“研究客观存在的而不带任何主观随意性的规律，这是任何一门科学要想成为真正科学的根本立足点。教学论也是这样。马克思主义教学论由于有了辩证唯物主义的方法论而能够提出这一点，正是它之所以能够成为真正科学的教学论的重要标志；换句话说，以往任何教学论，都没有也不可能提出这一点。现代西方资产阶级教学论也仍然不能做到这一点。”①苏联和我国学者大多持“教学论的研究对象是教学的客观规律”这种看法，具体表述上略有差异，如“规律”“一般规律”“客观规律”“关系”等等。实体思维影响下的教学论研究视“教学规律”等为研究对象，认为其客观存在于我们的教学活动中，研究教学活动中的客观规律、教学现象等既成事物是教学论的主要任务。这体现了教学论研究对教学规律等确定性认识的关注，这种关注是我们进一步认识和研究的基础，是必要的。然而，这种情况下的教学研究导致了对教学中那些具体的、现实的、偶然的事件或现象的忽视，这样的研究所获得的认识并不是对教学的真实、有效认识，从而导致教学论研究缺乏教学论发展的动力变化而走入僵化的尴尬境地。

在教学论的研究方法上，实体思维集中体现在“定性研究”和“定量研

---

① 王策三. 教学论稿［M］北京：人民教育出版社，2000：319.

究”之间的取舍上，以及传统机械唯物论的研究方法上。定性研究是根据研究者的认识和经验，确定研究对象是否具有某种性质，或对某一现象的变化过程和变化原因进行分析。[①] 定性分析能从整体上把握定量研究所不能描述的因素。定量研究是指运用数学的方法，对事物作量的分析，以便从量的关系上认识事物发展变化的规律。[②] 它在某种程度上增强了教学论研究的科学性。在实体思维的指导下，人们只是片面地看到了某一种研究方法的长处和优点，便绝对性地极力主张使用其中一种方法来进行研究。机械唯物论研究方法长期存在于教学论的研究中，其主要表现是：单纯的因果揭示框架和形而上学的思维方式，以分析为主，将教与学、教师与学生、主体与客体等放在二元对立的两极，往往强调一方面而忽视、排斥另一方面；将教学看成是一个封闭的系统，教学只是所有属性、要素的不同组合，是一种孤立静止的线性研究；无视偶然性的客观存在。[③] 在教学论研究的范式上，实体思维主要体现为科学主义范式和人文主义范式之争。科学主义研究范式重在对教学中的具体实际问题进行探索，以求把握各种变量间的因果关系；人文主义研究范式则试图深入教师与学生的心灵世界中去，充满人情味地去认识和把握教学活动。然而，教学论本身是复杂的、开放的系统，同时，教学论中的很多问题、现象是不断生成的。如果不看到教学论的复杂性、开放性、生成性，而将其视为既成的事物、一成不变的问题，从而采取单一的研究方法或范式，只能导致教学论研究的僵滞。任何一种研究方法或范式都有自身的局限性和适用域，简单地强调一种方法或范式的狭隘研究，无法取得研究的深入发展。

实体思维指导下的学科构建主要表现在两个方面：一个是学科体系单一，依然是遵循苏联凯洛夫的教学体系；二是学科体系的内容强调目的、结果、手段等既成事物。在我国占统治地位的教学论理论体系仍然是凯洛夫教育学中教学理论的框架，包括教学过程、教学原则、教学内容、教学方法、教学

---

① 叶澜. 教育研究方法导论［M］. 合肥：安徽教育出版社，1995：62.

② 叶澜. 教育研究方法导论［M］. 合肥：安徽教育出版社，1995：62.

③ 裴娣娜. 现代教学论（第1卷）［M］. 北京：人民教育出版社，2005：367.

组织形式等。20 世纪 80 年代以来，尽管作了一些增补和其他一些尝试，但总体改观不大。这种单一僵化的体系是我国至今仍没有形成自己的教学论流派的一个重要原因。这种理论体系的不足在于它缺乏内在一致性，从教学原理原则到施教体系缺乏内在一致；对教学过程的认识的具体化程度不够，因而对实践缺乏针对性和可操作性。①

实体思维下的教学论研究以追求教学中的“客观规律”为目的，以抽象的逻辑归纳和演绎为主要的研究方法，不可避免地形成一个封闭的理论体系，这样，教学论研究者成为了立足于封闭的理论体系之外的人。研究者从教学中独立出来，成为纯粹的旁观者，教学则是既成的、客观的研究对象。将研究者独立于场外，与研究对象“教学规律”“教学现象”等形成了主客体二元对立的关系，这是实体思维在教学论研究中的典型表现。在此情况下，教学论研究者又称为“理论工作者”，其研究对象是既成的、客观存在于教学活动中的“客观规律”“教学现象”“教学问题”，研究方法是概念上的简单的逻辑推理与演绎，缺乏对教学全面的认识，不能形成对教学的有效认识，一定程度上阻碍了教学论研究的发展。

在处理国外理论与国内传统理论方面，实体思维指导下的相关研究表现出了思维片面性、绝对化的思维特征。这主要表现在两个方面：一是对国外理论的盲目崇拜，不分国情和实际情况的“拿来主义”；另一是极端排外的“国粹主义”。我国教学论的发展历史短暂，在新中国成立后，教学论的理论、体系直接照搬照抄苏联模式，而改革开放后，教学论研究转而对大量的西方理论进行介绍。对国外理论的方法、理论基础、背景不加辨别地都套用在我国的教学论理论的建设中，这种做法使得我国的教学论缺乏实践基础，对实践缺乏指导作用，教学论体系就像补丁摞补丁的衣服，虽然内容丰富却没有自身特色。还有一些学者将我国传统的教学思想、理论极端化，不顾现有的中国国情的教学实际，生搬硬套，对国外理论则极端排斥。上述无论哪种

① 转引自纪德奎．当前教学论研究：热点与沉思［J］．教育研究，2007（12）：73-78.

“主义”都不利于我国教学论的发展，阻碍教学论研究的前进，缺乏对我国的传统教学思想的辩证反思和对国外理论的科学态度。

（3）对实体思维的评价

实体思维作为一种理性思维，长期以来，是指导人类活动的主要思维方式。对象性思维推动了人类的进步、科技的发展。时至今日，无论在理论研究领域还是科技研究领域，它依旧占据着重要的地位。实体思维在教学论研究中的意义主要表现在：实体思维推动了我国教学论研究的重大发展。新中国成立以来特别是改革开放以来我国的教学论研究在对象性思维指导下蓬勃发展，相关的教学论研究既丰富了我国教学理论的成果，又指导着我国的教学实践。正是实体思维下的教学论研究关注教学规律、教学现象等确定性的事物，并在此基础上建构起教学论体系，才使得我国的教学论研究有较雄厚的基础。同时，教学作为一种人为的活动，是确定性与不确定性的统一。实体思维下的教学论研究正是追求确定性的，如教学规律、教学现象等依然存在的事物，从而期望我们的教学有章可循，依照确定性我们可以顺利地达到预期的目标。这是教学论研究进一步反思的基础，正是在此基础上，才能够观照教学中那些偶然的、具体的、现实的等不确定性的“教学存在”，进而获得对有关教学的本真认识。这正是实体思维在教学论研究中的意义所在。

综上所述，实体思维影响的教学论研究在当代教学论发展的大环境中出现了新的问题，教学论要取得发展，就必须对教学论研究的方法论层面进行深入的思考，研究方法从根本上是思维方式的体现。

2. 关注“辩证”的关系思维

本研究认为，关系思维就是从事物与事物之间的关系去理解、认识、把握事物；进一步明确地说，就是理解一个事物时，不是从事物本身去理解该事物，而是从与此事物相关的其他事物去理解，或者从该事物本身的存在去理解其他事物的存在。这种认识论意味着认识事物的关键是把握事物与相连事物的关系，其前提假设是相联系的事物之间是相互影响、相互制约、彼此呼应的，其根本在于事物之间的辩证关系。辩证，辨析考证，是一种哲学的思考方式。无论是西方哲学还是中国哲学都蕴含着丰富的辩证思想。

（1）关系思维在方法论中的体现

欧洲古希腊哲学中，存在着丰富的辩证思想。古希腊哲学家赫拉克利特认为，一切皆流，万物皆变。他的名言“人不能两次踏进同一条河”体现了他朴素的辩证思想。他运用奔腾不息的河水来说明世界上的一切事物都是不断运动、流变，生存、发展和消亡的。除此之外，赫拉克利特更可贵地提出了事物的对立面相互斗争与统一的思想。他说：“统一物是由两个对立面组成的，所以在把它分为两半时，这两个对立面就显露出来了。”①赫拉克利特认为，事物都是对立面的统一。自然界是从对立的东西中产生和谐，由联合对立构造成和谐，而不是从相同的东西产生和谐，不是由联合同类物造成和谐的。恩格斯指出：“当我们通过思维来考察自然界或人类历史或我们自己的精神活动的时候，首先呈现在我们眼前的，是一幅由种种联系和相互作用无穷无尽地交织起来的画面，其中没有任何东西是不动的和不变的，而是一切都在运动、变化、生成和消逝。这种原始的、素朴的，但实质上正确的世界观是古希腊哲学的世界观，而且是由赫拉克利特最先明白地表述出来的：一切都存在而又不存在，因为一切都在流动，都在不断地变化，不断地生成和消逝。”② 赫拉克利特被认为是辩证法的奠基人。亚里士多德研究当时诸多科学，并在批判柏拉图的“理念论”的基础上探讨了辩证思维的形式。他研究辩证思维中的“一和多”“整体和部分”“个别和一般”“质料和形式”“可能和现实”等范畴之间的关系，其中包含有对立面相互联系和转化的思想。这其中包含了丰富的辩证思想。但是，由于他的不彻底性和混乱，他的哲学思想动摇于唯物主义与唯心主义、辩证法与形而上之间。

18 世纪至 19 世纪上半叶，由于自然科学的发展，人们对自然界各个部分的认识不断提高并已经取得了重要进展，这种自然界各个领域分门别类的研

① 转引自［俄］列宁．哲学笔记［M］．北京：人民出版社，1956：396．

② ［德］恩格斯．反杜林论［M］．北京：人民出版社，2015：19．

究直接引起了科学上一系列的重大发现，使得辩证思想的发展有了深刻的表现，具有新的形式。德国作家、哲学家歌德（Johann Wolfgang von Goethe，1749—1832）的《浮士德》分析了一系列现实的矛盾，形象地说明了事物是在矛盾中向前发展的，即有矛盾再有事物，没有矛盾就没有事物的存在而会走向消亡。歌德的《浮士德》充满了辩证法，恩格斯指出歌德关于矛盾推动事物发展的思想对德国古典哲学的辩证法思想的发展有很大的影响。① 康德是德国唯心主义哲学的创始人，他对人的认识提出了知性与理性的概念。他认为知性可认识的世界只能是现象，而不能超越现象；而理性要将知性及其获得的认识加以统一，就必然不能局限于现象世界、经验世界。知性是用范畴来整理统一感性的知识，而理性则用“理念”来整理统一知性的知识，希望通过这种统一而达到无条件的绝对完整知识。但是，由于理性所统一的知识是由知性所带来的，而知性的认识域限于现象，那么必然会引起认识中的矛盾。这样，他明确指出了人的理性思维会发生矛盾与斗争的必然性，即关于理性思维的“二律背反”。这对于揭示和探讨思维的辩证结构及其矛盾运动，推动辩证法的发展具有重要意义。德国哲学家费希特（Johann Gottlieb Fichte，1762—1814）批判地继承了康德的唯心主义观点，并且进一步发展了辩证的思想。他以唯心主义的思维逻辑形式制定了其哲学的基本公式：“自我”建立自身，又建立“非我”，最后达到“自我”和“非我”的统一。在费希特看来，“自我”和“非我”的矛盾不仅是必然发生与存在的，而且是“自我”本身和整个世界得以不断地存在和发展的根据。这实际上揭示了矛盾是发展源泉的辩证法思想。在论证了“自我”与“非我”的基础上，他进一步探讨了主体与客体、主观与客观、意义与存在、精神与物质的关系，认为它们都是统一于自我意识之中，相互限制、相互决定的。德国著名哲学家黑格尔（Georg Wilhelm Friedrich Hegel，1770—1831）批判性地吸收了以往哲学家对于辩证思想的解读，并在其唯心主义思想基础上论证了辩证法的基本范畴，

① 金增嘏. 西方哲学史（下卷）[M]. 上海：上海人民出版社，1985：28.

从而建立起庞大的唯心辩证法体系。黑格尔认为："在对立中，有差别之物并不是一般的他物，而是与它正相反对的他物；这就是说，每一方只有在它与另一方的联系中才能获得它自己的（本质）规定，此一方只有反映另一方，才能反映自己。另一方也是如此；所以，每一方都是它自己的对方的对方。"① 黑格尔在西方哲学史上第一次系统地、自觉地表述了辩证法的基本特征，把辩证法提升为思维的普遍规律，制定了辩证法的基本规律的内容，并试图用辩证法总结客观世界的规律性和人类认识历史的科学。当他把事物描述为不断运动的过程，并且在揭示这种过程的内在矛盾时，其实质就是把矛盾同运动、发展联系起来，以深刻地说明事物运动发展的动力或源泉在于过程内部的矛盾性，这是对辩证法学说的重要贡献。

马克思主义唯物辩证法是辩证思想发展的第三种历史形态，是以唯物主义为基础的辩证法思想。列宁说："可以把辩证法简要地确定为关于对立面的统一的学说。这样就会抓住辩证法的核心。"② 关于对立面的统一的学说就是对立统一规律，它贯穿于辩证法所囊括的其他规律和范畴，而其他规律和范畴则是对立统一规律在不同方面的展开和表现形式。唯物辩证法的基本范畴概括和反映了事物与现象之间最普遍的辩证关系，是辩证思维的逻辑形式。由此看来，辩证关系是世界一切事物的对立统一关系，也即是关系思维下人们认识问题、解决问题的基本形式。

中国哲学中同样蕴含着丰富的辩证思想，许多哲学家、教育家对于问题的解读都包含着辩证法的基本原则和逻辑。如《老子》："反者，道之动；弱者，道之用。"其辩证法以柔、雌、静为特征；其目的在于以柔克刚，以雌胜雄，以静制动。《易传》是与《老子》并立的另一大辩证法体系。《易传》以阴阳对立统一为基本原则，在对卦象的解释中，广泛涉及自然界的天地、雷风、水火、山泽，人类社会的男女、夫妇、父子、君臣，客观事物中的离合、

① ［德］黑格尔（G. W. F. Hegel）. 小逻辑［M］. 贺麟译. 北京：商务印书馆，1980：254-255.

② ［俄］列宁. 列宁选集第 38 卷［M］. 北京：人民出版社，1960：240.

损益、治乱、存亡，数量关系中的奇偶、多寡等的矛盾性。①《老子》和《易传》是中国辩证法思想的两大源头，在中国哲学史上都占有重要地位。它们分别代表了儒道两家的方法论，互相对峙又互相补充，相反而相成。至理学发展时期，二程提出“天地万物之理，无独必有对，皆自然而然，非有安排也”②，并进行了详密论证。而对于中国哲学中辩证思想的详细论述，在前述章节中已有涉及，本部分不做赘述。哲学作为推动教学论发展的重要方法论基础，其中关注辩证的关系思维必然在教学论思想中有所体现。

（2）关系思维在教学论中的表现

关注“辩证”的关系思维强调事物之间的辩证关系，并且对事物的认识要通过与该事物相关的他物来加以认识。那么，教学作为人类的特殊社会活动，且肩负着传承人类文化、创造人类文化的重任，必然与其他事物联系在有紧密相连的关系。对教学的认识——教学论就不得不与教学相关的事物联系在一起以深化认识。

教学论的理论基础多元化。教学论是在一定理论基础之上构建的思想体系，理论基础就如同建筑房屋的地基，只有理论基础扎实、稳重，在此基础上的思想体系才能够言之有理、逻辑严密。教学论的理论基础近年来呈现多元化的趋势，这不仅与世界经济、文化的发展有关，更重要的是人们对教学活动的认识逐步尝试着运用多种视角去研究与认识，以期能够得到对教学的本真认识。与教学活动相关的事物很多，涉及人类学、脑科学、心理学、环境学、社会学、美学等等。因此，关注“辩证”的关系思维指导下的教学论的理论基础多元化，意味着凡是能够指导教学论研究、促进教学论发展的理论都可以拿来支撑教学论的发展。因为关注“辩证”的关系思维指导教学论，从与教学论相关的学科、知识体系中去认识教学活动、建构教学理论是可行且必要的途径。

---

① 商聚德．中国传统文化导论［M］．保定：河北大学出版社，1996：79.

② 河南程氏遗书（卷十一）.

关系思维下，以“辩证”为特征的思维方式还体现在教学论的研究对象中。教学论的研究对象无疑是具体的教学活动，但是教学活动不是一种孤立的存在，而是一种关系性的存在。这种关系性的存在就决定了教学论的研究对象不仅是教学活动本身，而应该将教学活动视为发展的、生成的存在或过程。因此，教学论的研究对象就一直是教学实践活动，以及在此基础上总结、归纳的教学规律。教学论的研究对象——教学活动和教学规律同样也是辩证的存在。教学活动是教学规律的丰富材料及基础，没有教学活动的丰富以及教学论研究对教学实践活动的观照，就没有教学规律的提炼与总结。教学规律是对教学活动进行研究的结论，对教学活动的观照不仅仅是为了解决现实的教学实践问题，更重要的是通过对教学活动的总结，寻找教学活动的规律性，以更好地促进教学实践。

教学论理论基础的多元化首先意味着教学论研究方法的多元化。从对教学论发展的历史考察中，我们可以发现，虽然对于教学论的研究，哲学方法论作为指导教学论研究、推动教学论发展的重大意义不可忽视，但是，社会的进步、科学技术的发展带给教学这一社会化活动的影响同样重要。教学论的发展以哲学思维中的辩证思想为指导，建立开放的教学论体系，就要不断地突破自身固有的研究范式，而选择多种研究方法以推动教学论的进展。从一开始的哲学思辨、逻辑演绎，发展至心理学研究方法的运用，以及数学、统计学等实证主义研究框架，一直到今天的女性主义、社会学、美学等多种研究取向，直接说明了哲学作为方法论，特别是辩证思想为特征的关系思维对教学论发展的指导意义。

教学论在发展过程中，以辩证为特征的关系思维直接推动教学论学科的构建。在进行教学论构建的过程中，以教学活动为基础的教学论理论体系始终围绕着教学活动之基本过程。关系思维要求教学论不仅是一个与其他事物相关的学科，其本身也是一个复杂的整体系统。一般来说，教学可以分为教学目的、教学手段或技术、教学方法、教学计划、教学实施、教学评价等基本环节。这些环节或部分构成教学活动，从而构成教学论学科的基本内容体系。各部分之间相互联系、相互制约而存在，遗失任何一个部分都不能构成教学活动的整体，即教学论的整体。因此，教学论学科，就在教学活动过程的不断分解与细化，进而在不断提高教学效率和达成教学目标的历程中逐步发展。

在教学论发展的整体进程中，以关注“辩证”为主的关系思维始终在教学论理性之路上前行。辩证意味着理性的认识与思考，关系意味着立场的多元与视角的多样，教学论的理性之路充满着人类对教学活动这一特殊社会活动的理性思考。理性就意味着按照教学论的发展规律做事以及进行教学论的研究，不盲目冲动地简单下结论。关系思维一直存在于中西方哲学发展中，它或显性或隐性地以不同的方式或形式展示于世人面前，促进教学论的理性发展。

（二）中外教学论发展中方法论的个性

通过上述对中外教学论发展进程中所体现的方法论的总结，可以发现，以追求存在者为特征的实体思维和关注辩证的关系思维是方法论的共同点。中西教学论的发展都以哲学方法论中的实体思维和关系思维为指导，共同推动教学论的发展。然而比较的目的还未达到，必须要通过比较考察方法论中存在的特殊性，才能够为今天的教学论发展提供可能的借鉴和反思之路。在前述两章对中外教学论发展的历史考察中，通过比较发现中外教学论发展的方法论的个性表现在：中国教学论一直以来受中国古代哲学的正统——儒学思想的影响，至今仍根深蒂固，相比较，国外的教学论依然以哲学方法论为指导，但是受不同哲学思想的多方面影响，因而显得更加开放；中国教学论的方法论更加重视内省与思辨，而国外教学论的方法论在自然科学的引导下更加强调科学，体现了逻辑运演的思路不同；中国教学论所依持的方法论构建的是伦理世界，国外教学论的方法论根本在于理念世界。

1. 方法论的单一与多样

有学者说："从秦帝国到唐中叶是一个历史时期，在这个时期内，以豪族大地主结合政治权力与经济权力的剥削为特征，因而地主阶级的政权也仅是代表豪族大地主利益的政权。"[①] 这句话说明中国封建社会的典型特征，就是中央集权的君主专制制度。中国长期自然形成的家族制度和自给自足的经济形态，二者相结合构成中国封建社会长期存在的统治基础。由儒学的"君为臣纲，父为子纲，夫为妻纲"，主张君权、父权、男权的统一，满足了封建社会的宗法制度的精神需要。"儒学作为中国传统思想文化的主流，基本上规定了中国封建社会的思想文化的色调和格局。这种思想文化体现了强烈的封建宗法的精神，但又具有不同的时代风貌，斑斓多彩，是一种多样性的统一。"[②] 正是儒学思想契合了封建社会的宗法制度，才使得儒学长期以来成为统治阶级所宣扬的唯一正统思想。因此，中国古代教学论思想基本是源于儒学思想的。即便是在近现代，乃至当代，儒学作为中国传统文化的重要组成部分，依然在方法论、思维层面影响着今天人们的教学论研究，从而影响着教学论的发展。

中国哲学，特别是儒学思想，尽管经历一些变化和发展，但是对于一些基本问题持有统一的观点，表明了方法论的倾向性。这些基本观点直接影响了教学论的思想。董仲舒宣扬"天人感应"，讲"天亦有喜怒之气，哀乐之心，与人相副。以类合之，天人一也"（《春秋繁露·阴阳义》）。这是阐述天人合一思想的早期形式。宋代刘禹锡批判天人感应，提出"天与人交相胜"的学说，认为"天之道在生植，其用在强弱；人之道在法制，其用在是非"（《天论》）。刘禹锡比较明确地肯定了自然规律与人类道德的区别，进一步发展了天人合一的思想。到宋代，天人合一思想得到进一步的发展。张载明确提出了"天人合一"的命题，但也承认天之道与人之道是有分别的。程颢以

---

① 胡寄窗. 中国经济思想史（上）[M]. 上海：上海人民出版社，1962：5.

② 余敦康. 什么是儒学 [J]. 文史知识，1988（06）：21-27.

“与物同体”讲天人合一，他说：“学者须先识仁，仁者浑然与物同体……天地之用皆我之用。”（《程氏遗书》卷二上）天人合一的思想说明了古代中国对自然界与人关系的认识——人应该服从于自然界的普遍规律。而天人合一的思想还说明自然界的普遍规律和人内心思维、道德发展是具有同一性的。因此在天人合一思想的基础上，教学论发展的逻辑运思偏重于人的内心的反省与自察。中国哲学特别强调知行合一，即人的认识与行为、思想与生活应该是一致的，并且双方互相促进。孔子就曾说过：“知之者不如好之者，好之者不如乐之者。”（《论语·雍也》）孟子认为有些原则、观念是不可违背的，且又是不容易做到的，必须通过实际行动予以坚持。王守仁明确提出知行合一，且说明了知与行二者相互的依存关系。知行合一的观点是具有唯物主义辩证法意义的。但是由于中国哲学将知与行局限于道德范围内，认为知乃道德知识，行乃道德践履，因此中国哲学缺乏对自然界的探索。在教学论思想中，中国传统教学论就较为注重道德教育，包括尊师、孝顺父母、服从权威与统治等思想内核。

国外教学论的发展在最初阶段同样脱离不开哲学摇篮，教学论依附于哲学而存在是不争的事实。直至夸美纽斯的《大教学论》以及威尔曼的《作为教养学的教学论》发表，才逐步确立了教学论的独立学科地位。与中国哲学唯儒学独尊的地位不同，国外哲学的发展是开放的，多派别的，因此也产生了多种的教学论思想流派。就哲学方法论角度而言，国外教学论的发展经历了理性主义、实证主义、人文主义、行为主义等多种思想流派。每一思想流派都根据自己所持的方法论，着眼于教学活动的不同侧面，阐明教学活动的本质，构建教学论的思想体系。而在心理学、社会学等学科发展起来后，国外教学论也不局限于哲学方法论的唯一地位，兼用心理学、数学、统计学等多种视角与方法进行教学活动的描述与教学思想的阐明。即便在中国教学论进行现代构建的自我发展时期，仍然脱离不开依循国外教学论发展路径的选择。因此以多学科、多背景、多理论作为研究教学活动的不同视角以及方法论基础，从而进行教学论学科建设，是教学论发展的必经之路。

2. 方法论逻辑运思相异——内省与外察

由于方法论的单一或多样，更是因为方法论内部的逻辑运思不同，所以教学论发展呈现不同的逻辑思路。中国传统哲学以儒学为正统思想，而新儒学则是以早期儒学为基础蓝本，吸收了法家、道家及佛教的本性心性理论中某些思辨性特征，由天人合一的“天道”到“心性”的逻辑推衍，因而更加注重内省与思辨。国外教学论的发展虽然在其初级阶段依附于哲学，因而同样具有思辨和形而上的特点。但是随后的发展，其方法论呈现了注重科学与实证的特征，更注重从教学活动的外部视角去审视教学，相比较于中国教学论就更加能够落实到具体的教学问题中。换言之，国外方法论的着眼点是具体的教学实际问题，而中国教学论的方法论更倾向于建立理论体系去指导、解释、解决现实教学问题。具体表现在如下几个方面：

第一，中国传统文化的核心——儒学具有官本位、群体本位、社会本位的基本特征，与西方社会的理性主义文化下的个人本位和自由主义相区别。因此，中国人的思维方式中缺乏独立的自主精神和个人意识，而这些恰恰构成了西方社会的文化精神的核心以及人的思维习惯。这与中国社会的发展密切相关。因为中国社会一直处于农业文明社会，与自然经济相联系。传统农业文明中的人未能形成个体的真正自由，人依附于自然界和所属社会存在和发展。而西方社会相对而言，较早进入工业社会和现代化进程。工业社会和现代化意味着人的个体化和理性化的发展。这样，以官本位、群体本位和社会本位为特征的儒学方法论使得人们更加相信权威和统一思想，与此相应的就是儒学作为指导教学思想发展的唯一地位的确认。以个人主义和自由为特征的现代化促使人们更加广泛地寻找多种视角、途径进行教学论的研究。因而自然学科和科学技术就能够影响方法论，进而影响方法论指导下的教学论。

第二，儒学作为方法论，其基本特征是注重伦理与道德，即关注人文和人际关系；西方哲学则更加重视自然及人与自然的关系。中国社会的伦理是由人的身份、地位、家庭等构成的等级关系，与西方社会由契约和法制所构成的平等、自由的社会关系不同，因此，儒学更加强调人文和人际关系。在教学论中，教学内容就以“仁义礼智信”等确保人际关系和谐和宗法制度完善的人文学科为主，教学过程强调教师的尊崇地位和教师的主导作用，那么，教学论研究的思维逻辑便以内省和思辨为主。平等、自由的交往关系和理性的伦理关系是西方社会文化关系的特征。它提倡个性的自由与创造性，重视自然及人与自然的关系。在教学论中，西方的教学论就更加注重自然科学内容，且强调科学精神和探索自然的自由精神和创造性。那么在教学过程中，便体现为重视学生自由精神的体现和创造精神的发挥。

第三，儒学思想具有自身逻辑运行的路径和较为严密的理论体系。作为中国传统文化的正统思想，因自身的逻辑运行的方式以及维护封建统治的任务而具有保守性。当然，其保守性与中国传统文化的官本位和社会本位有着本质上的关联。在人与自然界天人合一的关系中，由于缺乏自由精神和主体性，所以支配人们思维与行动的是传统、经验、常识、自然规律、社会规则及习惯等。儒学的逻辑运行思路指向人性与人心，从而其关注的着眼点就立足于人性与人心，其方法就必然是以内省为主。西方哲学则不同，西方哲学后期的发展在理性主义文化的背景下强调理性与科学、自由与创造。科学是关于自然界、社会和思维的知识体系。科学是建立在实践基础上，经过实践检验和严密逻辑论证的、关于客观世界各种事物的本质及运动规律的知识体系，因而强调科学的哲学方法论就会以教学实践为切入点，进行教学论的研究。

3. 方法论所持之本不同

纵观儒学思想和西方哲学的发展，可以发现，它们的发展经历截然不同。儒学思想作为维护封建统治与社会稳定的正统思想，尽管随着时代的进步和社会的发展也逐步演化，其思想不断地得到丰富与建构，但是其思想内核从未脱离“天理”与“人伦”的中心。天理指的是维护封建统治的宗法制度、纲常名教，人伦指的是人性及人性归属。西方哲学的发展鉴于其自身体系的开放、自由思想的探索及创造精神，受到18、19世纪自然科学技术的冲击，其所持之本也发生变化，从对存在与存在者等虚无概念的关注转向对自然界、人的重视。

孔子认为，“性相近，习相远”，肯定人性的相似和后天学习的作用。“仁远乎哉？我欲仁，斯仁至矣。”后天的主动学习将人性引导至“仁”的理想境界。孟子的性善论，同样是强调人类后天的主动学习，将人性的善扩充、发展。至宋代，由于社会的政治与经济出现了一些新的变化，特别是来自意识形态的冲击——佛教的本体心性论和道教的宇宙生成观，使得儒学理论显得贫乏而没有说服力。这时期理学家进一步深化传统的人性理论，并着重从天人合一以及天理的角度进一步阐发儒学的人性思想，形成新儒学。宋代理学家朱熹则完成了理学的本体论的构建，他认为：“宇宙之间，一理而已。……其张之为三纲，其纪之为五常。”① 这样，就将“三纲五常”的封建礼教与天理相统一。无论是儒学还是理学，都强调人性与天理。可见，它们重视的是“现实当下的生活本身——‘伦理世界’，其身心性命之论，无非是强调后天学习和教育之功，并借此进入人伦圣域——仁的境界，成就理想人格”②。

西方哲学的源头——古希腊哲学目的在于世界的本原。如泰勒斯认为世界的本原是水，万物不仅生于水，而且复归于水；德谟克利特总结了先前的自然哲学家关于本原的思想，创立了原子论唯物主义哲学体系，提出了“原子”是构成世界万物的本原。当人们发现，无法用一种物质来说明世界的本原时，就开始转向寻求人类认识的精神世界。西方哲学的发展开始尝试着围绕存在与存在者，阐明对世界的认识和思考。直至近代社会，工业文明的发展和自然科学的进步对整个世界产生了重要的影响。哲学也不再仅仅纠结于人类的认识过程、思维与存在，而开始尝试用各种方式解读世界。实证主义哲学用自然科学中的实际调查、量化的方法认识世界；人文主义哲学主张社

---

① 朱文公文集（卷七十《读大纪》）.

② 张瑞璠，王承绪. 中外教育比较史纲（古代卷）[M]. 济南：山东教育出版社，1997：526-527.

会发展过程中对人性的关注与尊重；解释学、现象学则强调对认识对象的多样化理解和多角度的阐明；后现代主义则用批判的眼光审视对于世界、自然界、人类社会以及人的认识。西方哲学的主题是随着时代发展不断演变的，背后隐藏的是其运行逻辑、思维方式的变化。

本研究通过对教学论发展进程中方法论的共同点与特殊性的总结，意图阐明教学论发展道路上方法论所发挥的作用。通过对上述方法论的共同点和特殊性的总结，我们已然了解了中外教学论在方法论上的共性与个性。那么是否在方法论共性与个性的基础上，体现出教学论发展的共同规律以及特殊路径？本文将依循此思维继续研究中外教学论发展的共性与个性。

（三）中外教学论发展的共同规律

规律是事物存在和发展中本质的必然联系，决定着事物发展的必然趋向。规律是客观的，不以人的意志为转移，不能被创造，也不能被消灭。规律的客观性决定了人类的认识与实践必须遵循客观规律办事，充分发挥人的积极性与主动性，运用客观规律改造世界、认识世界。规律是普遍的，列宁在《哲学笔记》中说，“规律是现象中同一的东西”。“同一的东西”是同一事物或现象中普遍存在着的，并且会对事物和现象的发展发挥普遍的支配作用。规律具有必然性。因为规律是事物或现象的本质、必然的联系。本质的联系意味着没有此规律，该事物或现象不会出现。规律的必然性还表现在无论何时何地，只要规律发生作用的客观条件没有发生变化，只要决定规律的本质原因没有消失，规律就必然会重复出现并发生作用，也就是规律的可重复性。本研究梳理教学论发展的历史，意在探寻教学论发展的规律。这样，一方面，可以促使人们按照教学论发展的基本规律进行教学论研究；另一方面，明确教学论的发展规律能够深化对教学论的认识，为教学论的未来创造可能。

教学论是关于种种教学现象及其规律的学科。换言之，教学论是人们对教学实践活动、种种教学现象以及规律的认识，认识的结果以理论化、体系化以及学科化的形态得以表现。人是理性的存在，需要常常用理性去厘清与之打交道的对象。当人与教学——这一特殊的社会活动相遇时，以理性去观察、理解、审视教学现象并践行教学活动时，就形成了人类对教学的认识活动过程。因此，教学论的历史发展过程就是人类认识教学现象和教学活动的过程。作为人类认识教学现象和教学活动的一种过程是符合马克思主义哲学关于认识发展的一般规律的。马克思主义认识论即辩证唯物主义认识论，是唯物主义认识论的高级阶段和科学形式，是关于认识的本质、来源、发展过程及其规律的科学理论。其基本观点是：认识的发展过程是从感性认识到理性认识，再由理性认识到能动地改造客观世界的辩证过程；认识从实践中产生，随实践而发展，认识的根本目的是为了实践，认识的真理性也只有在实践中得到检验和证明；在事物的现象与本质之间存在着矛盾，必须要透过现象，看到事物的本质，即抓住事物的规律性的东西，才能真正认识到客观事物的真面目。

1. 教学论发展过程——感性认识与理性认识的螺旋式上升

感性认识是人脑反映客观事物及其规律的开端。列宁说："认识论的第一个前提无疑地就是，感觉是我们知识的唯一源泉。"① 它是人对客观事物的个别的、局部的和表面的东西的反映，感觉、知觉和表象是感性认识的形式。在人们开始尝试认识教学现象和教学活动之初，人们关于教学的一切认识都是基于教学实践的感性认识。如早期的智者派教学思想就认为"人的感觉就是知识"，教学就是为了现实的生活——授之以从事政治生活的本领，那么教学论就是人所感觉到的关于教学的认识。这种认识没有对错之分，因为这一切源于感觉。中国传统教学论特别是先秦教学论思想也体现了教学论历史发展的初级阶段属于感性认识阶段。先秦教育家们的教学论思想都是他们长期教学实践经验的总结，属于经验层面也即是感性认识阶段的思考。由于先秦

① ［俄］列宁．唯物主义与经验批判主义［M］．中共中央马克思恩格斯列宁斯大林著作编译局译．北京：人民出版社，1956：117.

教育家们的兴趣不在于理论的建构，而是实用性地强调如何从事实际的教学、指导教学实践，因此早期的教学论思想显得随意，经验性较强而理论性较弱。感性认识是认识活动的第一步，因此也是教学论发展的第一阶段。感性认识的特点是：第一，直接性。感性认识是客观事物直接作用于人们的感官而产生的，它是对客观事物的直接反映。这就是说，在感性认识和客观事物之间没有认识的中间环节，而是直接的联系。感性认识的可靠性，就在于它是对客观事物的直接反映。具体到教学论这一认识过程来说，早期人们对教学的认识源于感觉与经验，且教学的目的直接与当时的社会、政治相联系，如智者派培养的从事政治活动的人等。人们对教学的感性认识还表现在仅仅基于感觉去认识教学，没有任何方法论或思想的指导。这也体现了感性认识的特征。第二，生动性、形象性和丰富性。这个特点和直接性的特点密切相关，是直接性特点的延伸。客观事物直接作用于人们的感官，感性认识直接反映客观事物的，是客观事物丰富的、生动的现象。正是这个丰富的和生动的现象决定了感性认识的生动性、形象性和丰富性。《学记》中有大量生动、形象的描述，阐明对教学的认识。如“古之教者，家有塾，党有庠，术有序，国有学”；“虽有嘉肴，弗食，不知其旨也；虽有至道，弗学，不知其善也”；“今之教者，呻其占毕，多其讯言，及于数进而不顾其安，使人不由其诚，教人不尽其材，其施之也悖，其求之也佛”等等。这些都是对于当时教学现象和教学活动的事实描述，反映了当时认识的特点。第三，具有片面性和表面性。这个特点是由前两个特点所决定的，感性认识还没有深入到客观事物的内部，概括事物的本质和一般，而只是对客观事物片面性和表面性的东西的反映。当然，感性认识反映了事物的部分本质，只是不能通过理性思维从中加以区别和认识。

理性认识是对事物的本质、事物的全体、事物的内部联系的认识。理性认识是在感性认识的基础上发生的。认识的真正任务就在于经过感性认识达到理性认识，揭示事物的本质和规律，因此它是认识过程的重要的、高级的阶段。苏格拉底首次发现了人的精神的力量，发现了人的主动性，更重要的是揭示了人的理性的重要作用。因此，从苏格拉底开始，人们开始理性地认识世界，认识教学。至柏拉图，开始探寻世界的普遍、共相与概念。他将教学对人的作用，进一步深化，认为教学应注重心灵的训练，以发展和完善人的理性，培养以“公道”待人接物，以“理性”支配言行。待教学论学科独立——夸美纽斯的《大教学论》产生，人们对于教学活动的认识开始能够进行合乎规律的理性的判断与审视，从而使教学论从对教学现象的描述转向理论的论证，教学论发展进入了理性认识的阶段。理性认识具有以下特点：第一，间接性。理性认识不再如感性认识那样是客观事物直接作用于人们的感官而产生的对客观事物的直接反映，而是在感性认识的基础上产生的对客观事物的间接反映。这就是说，理性认识和客观事物之间以感性认识为中间环节。在教学论发展至理性认识阶段，归纳法成为重要的研究方法。人们对于教学现象和教学活动的认识，是在实践和感觉基础上加以提炼与总结，并且进行理性思考的结果。第二，具有抽象性、概括性。由于理性认识是对客观事物的间接反映因而不像感性认识那样具有生动、形象和丰富的特性，而具有抽象性、概括性。第三，具有本质性。理性认识已经不是停留在客观事物的现象方面，而是深入到事物的内部反映事物的本质，是对事物的一般的、本质的和规律性的认识。夸美纽斯认为教学论是探究教学的一门艺术，这在一定程度上反映了教学活动的本质。继夸美纽斯之后的教学论逐步开始探索教育教学的内在规律，以及学生的身心发展规律，对于教学论的认识开始深入教学内部，探索内部的一般性的、本质性的规律了。

认识在实践基础上经历感性认识阶段，上升到理性认识，实现了从实践到认识、物质到精神的飞跃。但认识过程并没有完成，还必须发展到认识过程的第二个阶段，即从认识到实践、精神到物质的飞跃。马克思说：“哲学家们只是用不同的方式解释世界，问题在于改变世界。”① 感性认识是理性认识的来源基础，而理性认识是感性认识的进一步深化和发展。发展至理性认识

① 中共中央马克思恩格斯列宁斯大林著作编译局. 马克思恩格斯选集（第 1 卷）[M]. 北京：人民出版社，1995：57.

并没有结束，必须在实践中发挥理性认识的作用才能够获得价值与意义。教学论由于长期依附于哲学而存在，因而具有抽象性与思辨性。在教学论发展的历史过程中，对于教学的认识逐渐深入，不断从不同的侧面揭示教学本质。这种对于教学的理性认识是教学论发展的必经阶段。赫尔巴特在其统觉心理学的基础上，探讨了教学的基本阶段，总结并提出了教学活动的阶段性，究其本质，对教学的认识，即教学论的建构开始转向探讨一般性的规律了。对此，杜威提出了批判性的观点，认为其教学论是演绎性的，演绎性的教学论忽略了儿童在教学过程中的自我活动。这实质上是批判教学论的理性发展不能够通过形成的理性认识指导教学实践，关注教学现象和教学活动中具体的人与事。由此，杜威提出以儿童经验和心理顺序组建教材的课程观与课程设计，以及从学生思维角度出发而建构的"从做中学"的教学过程观，这成为其教学论思想的主要内容。教学论的发展经历理性认识阶段必须以指导教学实践为目的，并且充分发挥理性认识的作用，才能够达成真正的理性发展。由此看来，认识的过程——教学论的发展过程不是简单地由感性阶段发展至理性阶段，必须再经由理性将理论与具体的教学实践相结合，才能够长足发展。列宁说："认识是思维对客体的永远的、没有止境的接近。自然界在人的思想中的反映，应当了解为不是'僵死的'，不是'抽象的'，不是没有运动的，不是没有矛盾的，而是处在运动的永恒过程中、处在矛盾的产生和解决的永恒过程中的。"① 教学论的发展就处于这样感性认识上升至理性认识的螺旋上升过程中，处于不是没有运动的和矛盾的永恒过程中。

2. 教学实践与教学认识的矛盾——教学论发展的内部动力

唯物辩证法认为：一切存在的事物都由既相互对立又相互统一的一对矛盾组合而成。例如，有正就有负，有生就有死，有得就有失，等等。矛盾着的双方既对立又统一，从而推动着事物的发展。教学论发展同样遵循事物发

① 中共中央马克思恩格斯列宁斯大林著作编译局. 列宁选集（第38卷）[M]. 北京：人民出版社，1960：208.

展的基本规律，即教学论的主要矛盾是教学论发展的内部动力。教学论的发展就是人对教学现象和教学活动认识的发展过程，就必然与认识过程的基本矛盾呈现一致性。主体与客体、物质与精神、实践与认识的矛盾是认识过程的三对基本矛盾。因此，对于教学论这一认识过程而言，其基本矛盾表现为认识主体与认识对象——教学现象或教学活动、教学实践和教学认识（教学论）的矛盾。教学论的基本矛盾推动了教学论的不断发展与前进。其中认识主体与认识对象之间的矛盾是根本矛盾，教学实践与教学认识的矛盾是核心矛盾。

主体和客体的矛盾在认识过程中具有十分重要的地位，因为它是现实生活世界的主观和客观、认识和实践的矛盾产生和发展的根源。没有主体与客体的相互作用，就没有实践与认识活动的发生。而主观和客观、认识和实践的矛盾的解决，都是为了解决主体与客体的矛盾，因而我们称主体和客体的矛盾为根本矛盾。人是有意识、有能动性的实践主体，这就意味着他不可能面对客观世界的一切无动于衷，而是要竭尽全力地使客观世界的一切为我所用，以维持自身的生存与发展。教学现象和教学活动的发生也同样源于人类对于自身生存与发展的需要。但是，当教学随着社会与科学的发展不断发生变化的时候，人类开始在践行教学的过程中不断认识与改造教学，以满足人类自身发展的需要。当教学不能够满足人们的需要时，就出现了与主体之间的矛盾。这种矛盾促使着人类不断对教学提出要求以满足需要，从而不断深化对教学现象和教学活动的认识，进而教学论学科不断发展。在促使教学活动满足自身的需要之前，就有必要认识教学现象或教学活动这一客体，就要回答“是什么”的问题，这就形成了教学论的本体论部分；进而解决“怎么做”的问题，就形成了教学方法论以及教学技术等问题；最后还基于认识主体的需要，回应教学“应怎样”的问题，这就是教学论的价值论问题。这样，主体与客体的矛盾，就促使人们对教学的认识不断深入，不断完善教学论学科体系。

尽管主体与客体的矛盾是基本矛盾，但仍然不能决定事物的发展与走向。

因为无论是主体还是客体都必须通过实践才能够发生关系，才能够产生矛盾。因此，实践在一切问题中处于核心位置。在教学论发展的过程中，教学认识与教学实践的矛盾是教学论发展的内部核心动力。教学认识可以理解为“关于教学的认识”“对教学的认识”“教学中的认识”。教学认识的理论化、系统化、体系性就是教学论。教学认识是认识主体在教学实践的基础上，对教学现象或教学活动的理解、思考与理性总结。当教学认识能够解释、说明以及指导教学实践时，教学认识与教学实践处于和谐的发展过程。相反，当教学认识已经不能够对当下的教学实践进行有效的分析、阐释以及提供必要的理论指导时，一方面说明教学认识已经失效或落后，另一方面说明教学实践出现了新的亟待主体加以认识的教学现象，这样，教学认识与教学实践必然产生矛盾。无论是教学理论的失效，还是教学实践的发展，这种已然发生的矛盾促使认识主体进一步深化对教学实践的认识，提高教学认识，以便重新发挥教学认识对教学实践的解释与指导功能。如此，教学论就在教学认识和教学实践的矛盾运动中不断发展。

3. 实践关系是教学认识过程中一切关系的基础

实践是人类认识的来源，也是教学论发展的源起。探讨教学认识过程中的实践问题，实际上是探讨实践关系问题。实践关系首先要涉及的是关系的主体与客体。认识就是在主体和客体的实践的相互作用过程中产生和发展的。[①] 主体和客体是认识与被认识、改造与被改造的关系。在认识过程中，主体和客体的关系，不论表现为人和自然的关系，还是表现为人和社会的关系，都是多方面、多层次的。其中，基本关系是实践关系、认识关系、价值关系。实践关系是主体和客体的最基本关系，其他方面的关系都是在实践关系基础上产生和发展的，并受实践关系所规定和制约。在教学论发展历史中，即人们对教学的不断认识的过程中，也体现为实践关系、认识关系和价值关系。

① 王家俊. 马克思主义认识论［M］. 长春：吉林人民出版社，1986：103.

其中，实践关系表现为教学认识的主体践行着教学活动，并且在理性认识的基础上指导、改造教学实践活动，使得教学活动不断满足自身的需要。认识关系是实践关系的派生，只有当主体作用于客体进行实践活动时，主体才会产生与客体的认识关系。教学现象和教学活动是教学论的认识对象——客体，那么种种教学现象和教学活动就成为教学认识的来源。不论主体改造客体的实践活动还是认识活动，都是有意识有目的的，都是为了满足主体的一定的需要。因此，主体对客体的实践关系和认识关系中都渗透着价值关系。尽管对于教学现象和教学活动的认识是对客体的反映，但其中都说明了作为主体的研究者对教学活动的价值判断和价值取向。如普罗泰戈拉在谈及其教学目的时，就说到他那里求学的人，可以学到处理私人事务与公共事务的智慧；柏拉图认为教学目的首先是培养军人与执政者；儒学思想中关于教学目的论述、教学原则以及教学内容的伦理性等，都体现了主体所赋予客体的价值取向。

在教学论发展的运演轨迹中，体现着不同主体与客体的实践关系、认识关系和价值关系。而在这一切的多层面关系中，实践关系是一切关系的基础。第一，实践是人类认识的来源。无论是教学实践活动，抑或教学认识活动，归根结底都是人类的实践。毛泽东指出："如果要直接地认识某种或某些事物，便只有亲身参加于变革现实、变革某种或某些事物的实践的斗争中，才能触到那种或那些事物的现象，也只有在亲身参加变革现实的实践的斗争中，才能暴露那种或那些事物的本质而理解它们。这是任何人实际走着的认识路程。"① 实践是事物与认识主体之间的桥梁。没有实践，客观事物同认识主体就不能发生任何联系，因而也就不可能有对客观事物的反映，即认识。教学论发展的历史，即教学认识的不断深入与发展过程也同样如此。第二，实践是认识发展的动力。这与实践是认识的源泉直接相关。认识来源于实践，这是毋庸置疑的。因而，随着实践由低级到高级的发展，人的认识和知识必然

① 毛泽东选集（第1卷）[M]. 北京：人民出版社，1991：287.

也要随着实践的发展而发展。社会实践不断给人类的认识提出新的课题，即新的需要，而这种需要会成为一种巨大力量，把认识不断推向前进。如前所述，教学论发展的感性认识与理性认识的螺旋上升，即是实践在其中发挥着桥梁和基础作用，推动教学论在不断发展的教学实践的基础上，不断深化。第三，实践是检验真理的唯一标准。列宁说："实践高于（理论的）认识，因为实践不仅有普遍性的优点，并且有直接的现实性的优点。"① 普遍性和现实性决定了实践作为检验认识的唯一标准。教学论的发展是在教学实践发展的基础上不断前行的。即便是对于教学的本质性、规律性的认识发展至更高的理性阶段，也必须由现实中的教学实践来判断其合理性和真实性。因此，在目前的教学论发展中，特别是国外的教学论研究中，以现实中"教学问题"为教学认识的起点，并以此阐述教学思想和建构教学理论是符合人类认识发展的规律，也是符合教学论发展的客观规律的。

4. 本质与规律——教学论发展追求的永恒主题

黑格尔曾经将人类的认识分为感性、知性、消极理性和积极理性阶段。如果以认识发展过程的感性认识和理性认识两阶段来加以区分，知性、消极理性与积极理性就是理性认识阶段的不同分类。恩格斯说："悟性（即知性——引者）和理性，黑格尔所规定的这一区别——依据这个区别，只有辩证的思维才是合理的——是有一定的意思的。"② 知性是对事物的直接性加以分析，从中抽取一方面、一个规定加以认识，得出的对此事物的单独认识。从马克思主义哲学观点看，即是单独地、孤立地考察事物的某一方面，从而反映事物某一稳定方面的思维阶段。理性是对事物多方面联系的对立统一中认识事物的思维阶段，是对事物的联系的、发展的整体的反映。知性阶段是人类理性认识的必经阶段。没有知性阶段就没有理性阶段，知性是理性思维的

① 中共中央马克思恩格斯列宁斯大林著作编译局. 列宁选集（第 38 卷）[M]. 北京：人民出版社，1960：230.

② 马克思恩格斯选集（第 3 卷）[M]，北京：人民出版社. 1957：454.

基础，为理性思维提供基本材料；同时知性如同感性认识一样也有其局限性，由于它仅仅是对事物的抽象、孤立和分割的认识，那就不能从总体上把握认识对象，不能在联系和发展中发现多样性背后的统一性，因此，知性必然要发展到理性。理性是理性认识的高级阶段。它是在知性的基础上整体地、联系地、发展地认识事物，以运动的眼光与视角看待事物，并在思维中再现事物的普遍联系和发展运动，以达到对事物的本质和规律性的全面具体认识。

基于认识过程中，对感性认识到理性认识的飞跃以及理性认识的“知性——理性”思维阶段的划分，可以发现：事物的普遍联系以及发展运动，本质和规律性的认识是人类认识活动的必然追求。人是自然界、社会中最复杂的动物。教学现象和教学活动是以人为对象的社会特殊活动。因此，教学现象和教学活动是复杂的体系，一方面教学是一个运动与静止对立统一的事物，另一方面，教学中诸多要素（包括教师、学生、教材、环境等等）相互区别、相互制约、相互作用，构成一个互相联系的整体。因此，对于教学的认识就会经历理性认识的知性阶段和理性思维阶段。对于教学的认识，如果孤立地从某一角度出发，仅能够得到对教学的部分认识。在教学论学科群中，许多子学科都可视为对教学的知性认识阶段，如教学内容、教学方法论、教学艺术论等等。当然对于教学的某一方面的认识是对教学整体认识的基础。认识活动不可能一蹴而就，必然经历从局部到整体的过程。理性思维阶段是认识的高级思维阶段。人们不仅要对教学的某一方面加以认识，还会在联系和发展中全面认识。全面认识的结果就是对教学的普遍性认识和规律性认识。审视今天教学论的基本构成——教学目的、教学内容、教学方法、教学评价、教学手段等，每一部分都是对教学的孤立认识，即知性思维的结果；而当我们将其视为普遍联系的因素和相互作用的整体，并在其发展中探索其本质和规律时，就是理性思维的结果。因此，对于本质和规律的追寻，将是教学论学科发展的永恒主题。

本研究基于方法论立场梳理教学论发展的历史，缘何在总结教学论发展的基本规律时，在认识论域内加以论证，对此，已作过相关说明，即教学论发展的历史是人类认识教学的历史。但是，另外一个重要的原因是认识论与方法论的一致性。马克思主义哲学从存在决定思维、思维反作用于存在的观点出发，认为思维与存在的同一是一个辩证发展的过程。整个物质世界的辩证发展就是客观辩证法，而主观辩证法（认识论和逻辑）不过是客观辩证法的反映。人的认识是物质世界辩证发展的产物和反映，因此，认识的本性与过程必然同客观世界的辩证本性是一致的。客观世界本身的辩证发展是认识论的前提和出发点。认识论应当历史地观察自己的对象，研究并概括认识的起源和发展。辩证法作为自然界、社会和思维发展最一般规律的科学，同时就是最普遍的科学方法论。它渗透着认识论的内容，发挥着认识论的作用。科学的认识论就在于它为人们认识世界和改造世界提供了科学的认识方法。在这一点上，认识论与方法论是一致的。

五、展望与前行：中国教学论发展的生长点

回顾世界教学论发展的历史，理性与科学是教学论发展的必经之路，且必然会是教学论发展过程中的主旋律。因为人是理性的存在，作为人类实践活动和思维产物的文化之一——教学论也应是理性的存在。回顾过去，目的在于循着历史曾经发展的道路探寻教学论发展的轨迹以及规律；依循着历史的轨迹和演变规律继续前行是教学论理性持续存在的实践基础。回顾过去，同样使人们更加明确教学论发展历史上曾经发生过什么，又错过了什么，哪些需要弥补，又有哪些需要改善。反思是人类认识过程中的美德。作为反思的一种形式——历史研究会促使人们积极理性地判断、总结规律，吸取教训，借鉴经验。而这一切的工作都是为了更好地展望未来，继续前行。前文回顾了世界教学论发展的历史，特别是将外国教学论和中国教学论分开考察，目的在于比较中外教学论发展的共同规律。共同规律是教学论发展的普遍规律，它在教学论的发展中必然会在长时间内稳定存在且发挥作用。实质上，中国教学论的不同规律所体现的是中国教学论的根本特点——与国外教学论相区别的特点。本部分就以中国教学论的特点为起点，在探讨可能的成因基础上，阐明如何在当代历史条件下，遵循教学论发展的普遍规律和特殊规律迎接挑战。本研究认为，教学论外部发展的根本助力——方法论必然会为教学论的发展提供线索，教学实践活动和教学论本身的特点也会对教学论发展的新的生长点有所启示。生长点是教学论发展的关键问题，抓住这个关键，就能为教学论的发展开辟广阔的道路，从而在最大限度内促进教学论的发展。纵观

历史上教学论领域的每次重大突破和革新，都是源于生长点的重大突破和重新抉择。因此，本研究的最后一部分将在中国教学论的特点的基础上，尝试提出教学论发展的生长点。

（一）中国教学论的特点

特点是一事物区别于他事物所具有的特殊或特出之处。当说明某事物的特点时，指的是该事物与同类事物相区别的性质。认识事物的特点，就明确了事物的特殊性。本部分意在探索教学论发展的生长点。对于教学论发展来说，生长点既是时代精神的反映，也应是基于本国国情以及教学实际而作出的适应性抉择。因此，阐明中国现代教学论特点的意义就不言而喻了。前文对教学论发展的历史性考察，阐明了教学论发展的历史轨迹和基本规律，这是对教学论发展的纵向审视。分析中国教学论的特点，其实质就是对中国教学论的横向考察，且是在与国外教学论的横向比较基础上，明确中国教学论的特点。分析中国教学论的特点要将教学论视为系统的整体，并且对思维层面、学科构成以及理论逻辑进行全面的分析。

1. 思辨性

从思维层面分析，中国教学论的特点表现为思辨性。“思，容也。”（《说文解字》）“思曰容，言心之所虑，无不包也。”可见，思实际上是一种心理活动，心之所虑就必然是无所不包的。凡是世间万物，皆可以纳入“心”而展开。“辩，治也。从言在辡之间。”（《说文解字》）“治者，理也。俗多与辨不别。辨者，判也。”从清代段玉裁为“辩”所作的注解可以分析：辩为“治”，“治”为“理”，可以理解为事物本身的“理”，也可以理解为“理性”；辩为“判”，即要对事物之理进行理性的解释和说明。通过对“思”与“辩”的词源分析，可以将思辨理解为从心出发，以心为域，对事物的本质和规律进行理性的分析和判断。中国现代教学论的发展历程，是不断追寻其科学化的过程。直到今天它仍是教学论研究者的主要研究取向与追寻目标。“学者们一致认为，理论的科学性主要表现在两个方面：一是理论内容的客观真理性，要求对其研究对象、理论结构和研究方法进行探索；二是逻辑的考察，要求逻辑形式的严密性、完整性。教学论学科发展的研究同样应遵循这一基本思路。”① 沿着这种追求与思路，中国教学论就表现为鲜明的思辨性。纵观我国教学论的发展历程，翻检教学论方面的专著，可以发现，对于教学论人们大多进行概念式本质的阐述，而后在此基础上展开教学主体、课程教材、教学方法等方面的论述。而概览我国的教学论学科体系，其构成则由一般教学论和综合教学论构成，前者回答的是“为什么教，为什么学”“教什么，学什么”“怎样教，怎样学”“效果如何”的问题；而后者则基于教育、教学系统处于社会总系统之中，其必然与其他学科发生相互影响与作用，探讨这些影响与作用如何发生以及如何更好地发生的问题。对教学论科学性的追求，决定了其研究的方法主要是归纳演绎、理论思辨的研究。这种研究是认识、理解教学论的一种主要方式。

一个民族的传统科技、哲学、艺术等思维活动是以该民族在主体对客体的意识关系中特定思维方式为深层结构的，而思维方式又是该民族特有的文化心理结构中的重要因素。中国传统的思维方式正是根植于我国古代的社会土壤，经过漫长的历史岁月，在特定的心理氛围中逐渐形成的，相对稳定地反映了民族思维的独特风格。② 而这种思维方式会在文化的传承与创造过程中，留下深刻的痕迹。因此，探索教学论思维层面的思辨性，就必须回溯到中国传统文化的思维中寻找其根源。中国传统文化中的心性论为教学论的“思辨”提供了深广的文化渊源。《周易》提出“观乎天文以察时变，观乎人文以化成天下”（《贲象》）和“近取诸身，远取诸物”的“观”和“取”，实际上就是强调通过人的感官对自然和社会的认识，以人的心性察知并进而推论自然界变化规律和社会发展规律。孔子以儒学建构的“内圣外王之道”也

---

① 裴娣娜. 现代教学论（第1卷）[M]. 北京：人民教育出版社，2005：2.

② 洋溟. 中国传统文化的反思 [M]. 广州：广东人民出版社，1987：69.

同样主张“明心见性”和“存心养性”。孟子继承孔子的“性相近”的观点，认为心是智识的器官，性是天赋和后天环境融合的本性。因此，他建构的性善论就是建立在本心基础上。董仲舒将孟子理论提升，认为心乃心性向善的手段和条件。开中国思辨哲学先河的老子从天出发追本溯源，提出了“圣人无心，以百姓心为心”（《老子》）。由于心性理论是中国传统文化各家学派存在的内在依据，因此，在经历冲突之后，理学融合儒学、道家和佛家的思想，提出了以形而上的道德作为本体的心性论。理学认为性即“天地之性”或“本性”，经过了人的认识和加工成为人性，并与人心相连相通。中国传统文化的心性论成为以“人心”察“天性”的“思辨”思维的源起。孔子说：“学而不思则罔。”（《论语·为政》）“思”的作用是：通过感知获得的知识必须经由“思”进行整理、归纳与分析，提高理性认识水平。孟子说：“思则得之，不思则不得也。”（《孟子·告子上》）荀子说：“思索以通之。”（《荀子·劝学》）由此看来，必须通过“思”才能“得之”与“通之”，即把握事物的本质与规律。在随后的许多教育家那里都强调“思”，并且将其理解为“心解、心悟”。他们说，“不徒耳目，必开心意”（王充），“学必心解”（郑玄），“学贵心悟”（张载），“学贵得之心”（王阳明）。[①] 由此看来，在传统文化的心性论下，中国古代教育思想家也同样重视“思”的作用。这种思辨的思维特性影响至今。

2. 体系性

从教学论学科的构成分析，中国教学论具有体系性特点。体，“緫十二属也”。“十二属许未详言，今以人体及许书核之。首之属有三，曰顶，曰面，曰颐。身之属三，曰肩，曰脊，曰𡱂。手之属三，曰厷，曰臂，曰手。足之属三，曰股，曰胫，曰足。合说文全书求之，以十二者统之，皆此十二者所分属也。”（《说文解字》）“体”本义是身体，包括身体的十二部分。在发展

① 张传燧．中国教学论史纲［M］．长沙：湖南教育出版社，1999：58-59.

中，“体”引申为事物的本身或全部，或者是物质存在的状态或形状。在中国哲学范畴内，“体”与“用”相对。“体”与“用”是中国古典哲学的一对范畴，指“本体”和“作用”。一般认为“体”是最根本的、内在的；“用”是“体”的外在表现。“系”“係”“繫”三字的意义界限不清楚，因此往往是通用的。甲骨文字形上面是“爪”，下面是“丝”，即丝悬于掌中而下垂。因此其本义实悬、挂。“系，约束也。”（《说文解字》）“以九两系邦国之民。”（《周礼·天官·大宰》）其中“系，联缀也”。“系”随后发展为联系、联结之意。由此看来，对于事物的本质与规律的认识不能仅限于“体”所具有的完整性，还要有“系”所含有的联系性。体系即是若干有关事物或思想意识互相联系而构成的一个整体。中国教学论一般是以教学和教学论的概念辨析为起点，论证教学目的、教学内容、教学实施、教学评价等具体内容，形成了几十年来固定的教学论基本体系。尽管在教学论发展中，不同的专家和学者曾试着对此进行创新，但都难以突破教学论的基本体系。教学论的几个基本方面就如同身体的必要组成部分，成为了教学论体系性建设不可或缺的成分。教学论的历史发展证明，教学目的、教学内容、教学实施、教学评价等是构成教学论体系的必要组成部分。可以预见，在未来的教学论发展过程中，仍然会是如此。除此之外，中国教学论的体系性还表现在教学论研究的体系性。即在“学科意识”指导下，构建自身的教学论理论体系成为教学论研究的重要维度。在我国近十几年来关于教学论的讨论中，也时常会听到教学论要建立自身的概念体系的呼声。缺乏自身的概念体系也是人们经常批评教育学的理由之一。[①] 有人把是否有自身的概念体系作为一门学科成熟程度的判据之一。在这种情况下，关于教育学概念、范畴体系、逻辑起点的讨论逐渐引起学者们的兴趣。[②]

纵观中国教学论的发展历史，对于体系的追求不是本来就有的，而是在打开国门，借鉴国外教学理论和教学思想的过程中，与中国的传统文化和民

---

① 石中英. 教育学的文化性格［M］. 太原：山西教育出版社，2001：29.

② 瞿葆奎. 教育学文集·教育与教育学［M］. 北京：人民教育出版社，1993.

族心理相契合，逐渐形成了中国教学论的特色。其中，对于中国教学论的体系性特征最具影响力的是理性主义下以概念论建立起来的赫尔巴特教学流派。当中国近代开眼看世界时，世界流行的正是赫尔巴特学派的教学论思想，因此，它对中国教学论的后来发展影响颇大。赫尔巴特思想的流行在于德国赫尔巴特学派的产生与影响。德国的教育学教授齐勒尔（T. Ziller）于 1865 年发表了标志着赫尔巴特运动开始的重要著作——《教育性教学原理的基础》。他不但四处讲座宣传赫尔巴特的思想，并在教学实践中不断修订和补充完善赫尔巴特的思想。他的学生莱茵（W. Rein）在实际中应用赫尔巴特的教育教学思想，努力使其理论更加完善，使教育的方法不断系统化，并且对赫尔巴特的形式阶段教学理论进行了更加清楚和严谨的表述与论证。在他们的努力下，德国的耶拿大学成为了赫尔巴特研究的世界中心，来自世界各地的研究者和学者来此学习，学成之后又成为各个国家的赫尔巴特思想的倡导者和践行者。赫尔巴特自此在世界上开始风靡，成为全球性的教育运动。日本在此时开始学习赫尔巴特的思想，是源于对欧美实用主义思想的批判。赫尔巴特学派的思想强调以对学生系统知识的传授和学生基本技能的掌握为主，又强调培养有道德有理性的人，同时既注重教学目的，又注重教学方法。这与日本国情十分契合，便受到了当时日本教育界的青睐。中国正是通过日本开始认识和接受赫尔巴特学派的教学论思想的。拒不完全统计，1901—1915 年左右，我国共出版教育学著作计 64 种，其中直接表明译自日本著作和日本讲述的有 36 种，[①] 可见当时学习日本的思想的程度。当时中国教育学的学科体系尚未分化，教育学理论当然包括教学论思想。因此，从当时的教育学著作中，从这些书的字里行间，可明显感受到浓厚的赫尔巴特教育思想的气息。[②] 从此以后建立一套严密的概念体系一直是教育学者们孜孜以求的。

---

① 张瑞璠，王承绪. 中外教育比较史纲（现代卷）[M]. 济南：山东教育出版社，1997：233.

② 张瑞璠，王承绪. 中外教育比较史纲（现代卷）[M]. 济南：山东教育出版社，1997：233.

3. 学理性

从中国教学论的理论特点来看，呈现学理性特点。“学，识也。”（《广雅》）“念终始典于学。”（《礼记·文王世子》）“学，效也。近而愈明者学也。”（《尚书大传》）这是“学”的本义——认识、效仿，是动词。“学，官也。”（《广雅·释室》）“夫子积学。”（《后汉书·列女传》）“学有未达。”（清 刘开《问说》）“生平为学。”（清 张廷玉《明史》）“今日睹卿词学。”（《剧谈录·宣宗夜召翰林学士》）可见，“学”的含义发生变化，有学校、学问以及学科之意，是名词。理，原指玉石纹路，如“理者，成物之文也……短长大小、方圆坚脆、轻重白黑之谓理”（《韩非子·解老》）。后来词义发生变化：“井井兮其有理也。”（《荀子·儒效》）“知分理之可相别异也。”（《说文解字·叙》）“理”就是纹理、条理，“是未明天地之理，万物之情也”（《庄子·秋水》）。这里的“理”乃道理，义理。“学理”一词出现在章炳麟《东京留学生欢迎会演说辞》：“诸君所说民族主义的学理，圆满精致，真是后来居上。”李大钊的《我的马克思主义观》中也提道：“马克思的书，卷帙浩繁，学理深晦。”一般来说，人们认为学理是科学的原理或法则。对于教学论来说，学理性表现为：第一，以教学理论的自身内在逻辑为原点，体现教学论的学科发展规律与逻辑。也就是说，教学论的表述、体系构成、逻辑判断与推理应该以教学论自身内部的“理”为基础。第二，教学论的学理性既是教学论研究者对教学论本身内在“理”的体现，也是人类认识理性思维的体现，符合人类认识的一般过程。第三，学理性还要求教学论的发展与研究是科学的，符合科学的基本原则与标准。

教学论是一门学科，也是一门学问。作为一门学科，是要有自身的研究方法与研究范式的，并且是在科学理性指导下的系统研究。作为一门学问，既要有自身发展的运演轨迹，还要追求事物内部深层次的本质性的认识。因此，当我们说教学论具有学理性的特点时，是指教学论是符合科学的、符合逻辑的，且对教学这一认识对象有本质性认识或结论的。中国教学论的学理性特点主要表现在对教学现象和教学活动这一认识对象的本质性和规律性认识的追求。审视当前教学论的发展，查阅目前关于教学论的书籍，可以发现，对“教学是什么”“教学论是什么”“教学过程的本质”等问题的探讨是教学论研究首先要回答的问题。对于人类认识的一般发展过程来说，认识必须由感性认识上升至理性认识，才能够进一步指导人类的实践活动。对于教学论来说，同样如此。通过对教学普遍性、规律性的认识和回答，能够确立教学论的立论基础，也是教学认识活动的理性思维阶段。教育学科，当然包括教学论学科在最初的未独立阶段，是依附于哲学而发展的。因此，尽管学科获得独立位置并且逐渐成熟，也依然不能摆脱哲学中对本质和规律的追求。

（二）中国教学论发展的生长点之方法论维度

本研究从方法论角度梳理了教学论的发生、发展，不仅仅是为了考察教学论发展的历史轨迹，也要明确方法论在教学论发展历程中的作用。只有明确了方法论在教学论发展中的作用，才能对教学论发展的生长点作出较为准确的判断。本研究认为，既然已经明确了方法论的作用，并且以方法论为视角梳理教学论的发展本身就已经说明了方法论对教学论发展的推动作用，因此，探讨教学论发展的生长点，如果不从方法论维度进行分析和阐述显然是不合理的。从方法论维度提出的教学论发展的生长点，就必须首先明确教学论的学科性质，在教学论学科性质确定的基础上，分析理性与非理性在教学论学科中的特点。思维方式属于方法论域，因此，本研究从思维方式的角度提出教学论发展的新推动力。

1. 教学论的学科性质——科学划界的“质的标准”

所谓科学划界，是人类对其知识领域进行的区分科学与非科学、科学与伪科学的一项基本的分类实践活动。对于“广义科学划界”来说，这里的

“科学”包含了自然科学、社会科学和人文科学。① 对获得的知识进行分类是人类的一种基本的认识能力。教学论是人类文化的一种，也是人类认识获得的关于教学的“知识”，因此，有必要对教学论进行科学划界。科学划界的目的在于明确教学论的科学性质以及学科性质。对于教学论的发展来说，明确其学科性质是教学论发展的必经步骤。不对教学论的学科性质进行准确的剖析与确认，是无法进行深入的教学论研究的，教学论的发展也就无从谈起。

科学划界的“质的标准”也可以称为科学与非科学区分的“本质判定法”。进一步说，就是以科学的定义或者某种可以接受的基本判断为中心判定科学与非科学，而这一判定强调的是划界标准的质的方面——本质。这种“本质判定法”认为只有科学的本质特征才能成为区分科学与非科学的标准。其基本点是，从对科学的本质认定出发（常表现为科学的定义），尽可能系统地把握和抽象科学的本质特征，以此构成科学划界的标准；科学划界的质的标准，是一种从科学划界实践的二贡性和划界标准的可操作性要求出发，将宏观的质的判定与微观的具体标准的使用相结合的标准。② 科学划界的标准既可以是多元的，也可以是一元的。前者是将科学的定义与多个具体标准相结合，构成多元标准；后者是仅仅以科学定义为标准，划分科学与非科学的一元标准。需要注意的是，在这里讨论的科学划界是以人类整个知识领域为对象，而不像历史上出现的科学划界仅仅以自然科学领域的知识为对象。因此，有必要开放地理解科学和科学的本质，避免仅仅用自然科学的标准来规定整个科学。任何科学划界的标准，都有“对外”与“对内”两种功能。“对外”功能是指能够以此为根据区分科学与伪科学；“对内”功能是指可以根据标准实现的程度对科学部门进行归类。本文所提的“质的标准”具有较强的“对内”功能，运用它能在一定意义上将我们习常的自然科学、人文科学和社会

---

① 陈其荣，曹志平．科学基础方法论——自然科学与人文、社会科学方法论比较研究［M］．上海：复旦大学出版社，2004：14．

② 陈其荣，曹志平．科学基础方法论——自然科学与人文、社会科学方法论比较研究［M］．上海：复旦大学出版社，2004：45．

科学区分开来。这里，就运用“质的标准”明确教学论的学科性质。

教学论是科学吗？简单地说，科学是反映自然、社会、思维等的客观规律的分科知识体系。这里我们将科学定义为系统化的知识。这里科学包含着两个要点：第一，科学是关于某种事物或认识的对象，如自然、社会或人的精神的知识，因此，被确认为科学的知识应该包括可以被经验证实或证伪的内容，即它是可以被检验的。第二，科学是系统化了的知识。可以确定，被确认为科学的知识应是一个具有逻辑的知识系统，相比于原有的理论和概念框架更具有历史的继承性和逻辑的进步性特点，因此，是批判性的，也是被批判的。可以简单地说，教学论是关于教学的系统化的知识。教学论是基于教学实践的理论形态，并且在不断的教学实践活动中不断地被证实和检验。从科学的第一要点讲，教学论是科学。通过上述对教学论的历史梳理，发现任何一种教学思想都是对前人思想的反思与批判的基础上提出的，并且基于出现的教学实践的新的特性，提出的新的教学思想，从而不断深化对教学的认识。教学论发展的历史是教学认识不断深入的历史，也是教学论学科不断完善的历史，更是不断科学化的历史。因此，从科学的第二要义——批判与被批判性来讲，教学论是科学。

依不同科学部门研究对象的不同，从本体论上区分自然科学、社会科学和人文科学，这是人们在科学分类中最习惯采用的方法。既然教学论是科学，那么它是自然科学、社会科学还是人文科学呢？依据科学研究的对象对科学进行分类是将主体——人与研究对象区别开来，是典型的二元对立的思维方式。然而，历史和实践证明，人决不是自然之外的与之分离的观察者或存在者，而是作为自然界的一部分参与到自然现象中的，因此，有必要对科学的对象进行新的理解。在这种新的理解中，自然科学的对象不再像过去人们理解的那样，像宏观世界的实体那样外在于人，直观地存在于人的活动、人的知识、人的理论之外，而是内在于人的活动、知识、理论，是科学理论客观化、本体化的结果，表现为科学的理论建构性。[①]在此新的理解基础上，自然科学的目的是认识和改造自然，其对象是客观存在的自然物，但由于自然物在现实性上必须依赖人的工具、手段和理论表述才能够得以表现，并最终表现为马克思所说的社会的产物、工业的产物；社会科学则是以人类社会为中心，社会学、政治学、经济学等社会科学，均是从自身的角度出发开始对人类社会的组织结构、功能作用、变迁动因等社会多个方面进行有区别的、有类别的、个别的或整体的考察，从而获得人类社会发展和运行的系统的知识；人文科学的研究对象与自然科学和社会科学完全不同，它以人的精神世界和观念领域为对象，因此它与社会现象相比，人的精神、文化、价值、观念等相关研究会具有更加浓厚的主体性、个体性、多变性。但从外在的角度而言，人的精神、观念对于研究者来说仍然是一种客观存在，人为自己构造的精神家园和意义世界必须以客观的现实世界（包括自然的和社会的）为基础。教学论是以人类的特殊社会活动——教学为研究对象，教学是社会子系统中的一部分，是社会组织结构中不可或缺的部分，承担着传承与创造人类文化的作用。从此维度讲，教学论是社会科学。教学论虽然以教学为研究对象，但是教学是以人为对象，故是一种特殊的社会活动。这种特殊性表现在，教学是以培养人的精神、价值和观念为目的的，并且是传承文化和创造文化的活动。这样，教学论就不能仅仅是一种社会科学，它同时具有人文科学的表现与特性。基于这样的理解与分析，可以将教学论的学科定位为人文、社会科学。

2. 人文、社会科学思维中的理性与非理性

一直以来，人们通常会将自然科学与人文、社会科学的思维方式的不同理解为理性与非理性的不同。其实不然，任何以科学形态出现的知识系统都不可能是非理性思维下的产物。我们可以说某种概念、公理、定律是某人的

① 陈其荣，曹志平. 科学基础方法论——自然科学与人文、社会科学方法论比较研究［M]. 上海；复旦大学出版社，2004：62.

感觉、灵感、想象的产物，但当这些概念、公理、定律从创造者头脑中出发以文字、语言的形式表现出来，并且在人的共同体中进行交流时，它们就都是理性的产物，表现为理性的逻辑论证和系统形式。因此，从创造过程来说，任何科学都可以说是非理性的产物（这只是对于创造者本人来说的）；从科学作为知识系统、逻辑和语言形式来说，任何科学都是理性的产物。作为人文、社会科学的教学论同样是非理性与理性的产物，二者交织共同推动、构建教学论的发展。教学论是社会科学，就具有社会科学所具有的意识形态性。所谓“意识形态性”，是指一定意识内意识形态的本质规定和社会功能所决定的区别于一般社会意识的阶级属性。社会科学研究的是人类的群体行为，本身就是具有一定的阶级利益和社会利益的人和社会集共同体及共同的社会行为构成的，因此，必然是一个交织着事实、价值、意识形态的对象领域，特定阶级的利益和价值关系会自觉地或无意识地渗透到社会科学理论中，表现为社会科学意识形态性。如前所述，教学论承载着传承文化、改造文化的作用，同时教学是以人为培养对象的社会活动，那么，教学论就必然反映特定阶级对所需人才的培养要求。如古希腊智者派提出的培养从事政治活动的人，教学内容就是从事政治活动的智慧。柏拉图所建立的理想国中，教育教学就是要培养政治家和军人。可见，不同社会形态下，不同阶级的要求会体现在教学目的上，进而影响教学内容、教学实施等一系列教学基本问题。不同阶级的利益要求和价值观念必然反映在教学活动中，以及对教学的要求中。这样的具有意识形态性的教学论就不能够以客观观察、实验为依据，以逻辑、数学为客观化手段，以社会实践的检验为裁决方式等作为主要内容的科学化的理性思维方式进行认识与研究。这是教学论研究与发展中思维方式非理性的体现。

“认识你自己”是古希腊的经典命题，是人的所有活动的根本目的。“认识自己”，既包括通过对外部自然和社会的认识来认识自己，也包括在自己的生存中对自己的内心世界的揭示和领会。人文科学就是试图通过对人文精神文化现象的研究，为人类解答或帮助人们去思考那些关于人的本性、人的存在、人的精神、人的价值、人的情感等方面的一系列“形而上”问题。人文科学的这种目的，就从根本上与自然科学的思维方式有本质的不同。一方面，科学的理性思维方式，如数学和逻辑的思维和方法，与经验实证方法相联系的调查、统计、实验、观察等方法，已经是人文科学各学科经常使用的方法。对于教学论来说也是这样，在科学技术发展的今天，教学论学科的研究方法也同样使用自然科学中的一些方法。当然，这些思维方式及方法在人文科学中的使用，在具体表现形态和程度上，具有和自然科学不尽相同的特征。另一方面，人文科学要真正把握人的精神价值和意义世界，必须以人的视角而不是以物的方式进行理性思维，以人的精神领域的思维活动为连接点，借助于研究者的体悟与经历，辩证地分析与论证物质与精神、情感与意志、价值与事实等关系。教学论作为人文学科，不仅要使用自然学科的方法与思维方式，认识教学实际作为教学理性反思的基础；同样也要将教学论置于理性思维框架中，无论是理解—解释的质性方法论还是自然科学中的量化研究方法论，都会为教学论的理性发展发挥助推器的作用。

3. 教学论发展的生长点——思维方式的维度

从思维方式的角度探索教学论发展的生长点是有意义的。思维方式直接决定了教学论研究的逻辑起点、思维路线、研究目的以至研究结果。如果采用不同的思维方式进行教学论学科研究，必然会产生不同的关于教学的认识结果。因此，无论思维方式的作用到底是什么，在教学论发展的生长点问题上，都不能不提及思维方式的可能走向。在某种程度上，思维方式的走向决定了教学论的发展。

20 世纪以来，在自然科学向微观和宏观领域飞速发展的同时，与计算机科学和技术同步发展起来的系统科学和系统方法，对人的社会生活、人类社会、自然科学、社会科学和人文科学的发展，越来越发挥重要的影响。系统论、控制论、信息论等系统科学，不是以研究某种自然或社会客体为对象，也不是以研究某种自然或社会运动形式为特征，而是对不同类型的系统作出整体的、综合的描述，揭示包括自然、社会和人类思维在内的所有客体的系统性的基本规律。系统科学提供的系统方法、信息方法、反馈方法、功能模拟方法等系列方法上升到人类思维的层面，就形成了系统思维。在前述关于"三论"对教学论发展的影响中，已经作了较为详细的描述，从中可以得出这样的结论：教学论作为一门人文、社会学科，是社会系统中的子系统，是由多种因素构成的开放的、动态的、发展的自组织结构。因此，系统思维能够为教学论的发展提供新的生长点。尽管在教学论的历史发展中，系统论已经充分地发挥了其方法论的作用，但是系统思维的特征决定了在教学论的发展中，系统思维仍将发挥重要的推动作用。对系统思维的深入把握和灵活运用必然会启发教学论理论的新的建构与发展。

教学论的研究很容易出现这样的现象：教学目的理所当然地人为地确定、教学内容随意地选择、教学方法任意地使用、对教学论基本理论问题作理所当然的解释、对教学论的未来发展作出确定性的预测等等。出现这样现象的背后所映射的是决定论思维。决定论思维还表现在：教学现象或教学活动可以通过数量化的统计进行精确的描述、通过严密的逻辑论证作出明确的结论。然而，事实上，我们并不能够决定事物的确定走向，也不能够完全认识事物的本质和规律。对于教学，我们无法从教学的各个环节分别加以精确认识，这既是不可能的，也不是作为人文社会科学的教学论所追求的目标。教学论所需要的是对教学进行整体与功能、内涵与特征、本质与规律的认识与描述。这就不能通过决定论的思维方式解决认识目的。概率统计性思维方式以量子力学中统计规律的物理意义为其逻辑基础，从本体论上揭示和确定了规律的概率统计性并不是人类认识不完备的表现，客观事物本身就具有或然性：它已不再追求关于对象系统中个别要素的特征或事件的特定细节的精确知识，它要求的是对事件整体功能、特征、趋势的认识和描述。现代科学思维方式由严格决定论到概率统计性的转变，不仅是现代自然科学而且也是当代人文、社会科学思维方式的一大标志。[①] 概率统计性思维方式的确立，极大地促进了经济和社会等一些不易定量处理的复杂系统的研究。教学论就是属于人文社会科学，且是不易定量处理的复杂系统，因此，以概率统计性的思维方式进行教学论研究，会促进对教学论的整体认识、本质性和规律性认识，这是教学论的基本追求。

在当今社会发展中，不仅是自然科学的思维方式影响着人文、社会科学的研究，人文、社会科学的概念、理论、研究方法同样渗透至自然科学的研究中，影响着自然科学的发展。同时，当今人文、社会科学的发展出现了前所未有的融合与交流，交叉学科的大量出现极大地影响了学科群的发展。理解不再是人文社会科学特有的认知方式，自然科学也需要结合具体的情景对存在加以理解。科学解释学发现自然科学拥有许多过去被认为只属于人文科学的解释学属性。这种自然科学与人文科学融合的趋势说明了人在科学研究中的自由性，表达了科学研究活动的科学人性。著名科学史家乔治·萨顿指出："没有同人文科学对立的自然科学，科学或知识的每一个分支一旦形成都既是自然的也同样是人的。"[②] 无论科学的研究与发展、运演与逻辑变得多么抽象，它的起源和发展的本质却是人性的。科学的每一个成果和进步都是人的本质力量的展现，是自然的社会化和人性化。教学论的发展同样彰显着人的本质力量，对于教学这一特殊的社会活动来说，人性化思维是必然的选择。人性化思维要求教学论的发展与研究表达人在教学中、人在教学论发展中的自由性。当然这种自由不是盲目的，而是在科学范畴内理性的自由。人在教学中的自由性主要表现在教学论应该知道教学实践活动以培养自由的人性、教师与学生在教学活动中的自由性为目的，而这归根结底是对人性的尊重。人在教学论发展中的自由性主要表现为自由地表达教学思想与理论、教学论

---

① 陈其荣，曹志平. 科学基础方法论——自然科学与人文、社会科学方法论比较研究［M］. 上海：复旦大学出版社，2004：117.

② ［美］萨顿（Sarton，G.）. 科学史和新人文主义［M］. 陈恒六等译. 北京：华夏出版社，1989：49.

研究方法的自由抉择等。自由性的表达是在科学范畴内，以理性思维阶段的自由为标准的。

（三）中国教学论发展的生长点之学科特性维度

教学论发展的生长点的探究仍需要回到教学论学科本身。科学性是教学论之所以称之为一门学科的前提，具有科学性才能对实践有指导作用，才能够正确发挥其理论先导作用。而构建教学论科学的理论体系，才是教学实践得以实现与进步的前提与保证。首先，理论是行动的先导。教学论是教学实践的先导，没有教学论指导下的实践，是盲目的实践，难以真正达到其目的。教学论规定了教学实践如何科学地行动与展开，同时，决定了教学实践的实施与操作，规范着教学实践的具体方法与技术等问题，如此一来，教学论亦是教学实践的出发点。其次，教学论决定了教学实践的方向。教学论是合乎逻辑的、合乎人类认识规律的科学理论。教学论引导着教学实践走向合乎目的性的道路，保证教学实践往期待的方向发展。同时，教学论也成为检验教学实践的标尺，推动着教学实践不断前进。改革开放以来的教学理论与实践发展的经验证明，正是在积极探索科学化的道路上，科学教学论不断指导我国的教学实践，才使我国的教学实践有了长足的发展，教学质量也得到了提升。这是教学论科学性发挥作用的最大例证，验证了科学的教学论对教学实践的影响力与指导力。根据对中国教学论特点的总结和思维方式维度的启示，应该说，目前中国教学论发展的主要瓶颈在于对教学实践的把握与关照，以及对教学论实践性特点的深刻认识。

1. 解读实践

实践是生活中的常用词汇，对其含义似乎不难理解。但是作为哲学中的基本概念，“实践”的内涵经历了一个演变发展的过程。

在古希腊文献中，早就出现了“实践”一词，意指最广义的一般的有生命的东西的行为方式。[1] 但真正把实践划入哲学范畴的是亚里士多德，他认为实践专指有关人事的行为方式或活动方式，实践是人在生命活动中“进行选择”的活动，也即“有关人生意义和价值”的活动。[2] 而在中世纪苏格兰哲学家邓·司各特眼里，“不仅生理、心理活动不能算是实践，而且理智活动本身也不能理解为‘只是被意志诱发或被命令的意志行为’，准确地讲，正是纯粹的内在的意志行为本身原初和在真正意义上构成了实践的本质，而被命令的意志行为，即外在的行动，只是由于它其实依赖于并且从属于前面那种内在的行为才被称为实践”[3]。奥卡姆对司各特的实践概念提出了批评。他认为，“实践可以是知识”，实践概念可以在多种意义上理解：在最广义上它指一种任意力量的活动；在狭义上它指遵从知识的追求能力的行动；在更狭义上它指我们人的力量的活动，首先指意志的活动；在最狭义上“实践”指意志支配的活动与协商选择的对象。[4] 近代哲学对实践的理解既有继承，也有超越。康德继承了亚里士多德的观念，认为实践就是“人的意志对于对象起作用的行动”，并强调实践表征了人类存在的本质。[5] 而黑格尔的实践概念就超出了亚里士多德的传统。黑格尔认为，实践是一种“合目的性的活动”，他明确提出实践是认识的一个重要环节，是通向客观真理的必由之路，认为真理是理论和实践的统一。

马克思主义哲学既从传统实践概念那里汲取了合理性因素，又超越了传统实践概念，在新的历史条件下建构起科学的实践观。马克思主义哲学的实践观认为实践是人的根本生存方式，是有目的、有意识的人类活动，是具体的、历史的对象性活动。所谓“对象性活动”，不是主体以客体为对象的单向

---

① 张汝伦. 历史与实践［M］. 上海：上海人民出版社，1995：215.

② 张汝伦. 历史与实践［M］. 上海：上海人民出版社，1995：216.

③ 孙周兴. 实践哲学的悲哀：关于张汝伦的《历史与实践》［J］. 中华读书报，2000（29）：2-5.

④ 张汝伦. 历史与实践［M］. 上海：上海人民出版社，1995：98.

⑤ 张伟胜. 实践理性论［M］. 杭州：浙江大学出版社，2005：2.

性活动，而是主体和客体的“双向对象化过程”。[①]“双向对象化过程”既包含着主体的客体化过程，又包含着客体的主体化过程，它是这两个过程的辩证统一。实践的“双向对象化”本质告诉我们，实践不仅改造着客观世界，同时也改造着主观世界。

马克思主义哲学的实践观是理解、剖析教学实践、教学论的实践性的有力武器。以系统科学的实践观理解教学，则教学实践是教学工作者的生活方式，是以学生的发展为指向的有目的的人类活动，是具体的、历史的对象性活动。这种教学实践的对象性活动的“双向对象化过程”决定了教学论的双重特点，即理论性（科学性）与实践性。教学实践的客体主体化过程决定了教学论的科学性，而其主体客体化过程亦说明教学论的实践性与应用性。这样，以科学的实践观重新审视教学论之特性才是全面的，不能顾此失彼。

2. 实践性——中国教学论发展的重点

教学论是在实践基础上人们思辨的产物，没有教学实践，就没有人类关于教学的认识，这应是确定无疑的。而教学论是人们基于实践，在人类思维领域构建的理论体系，可以说是“人造的”“灰色的”，而教学实践则是人们践行着的、始终保持着生命力和鲜明个性的活动，是“常青的”。如果能看到理论与实践存在的这种差异，那么就会在进行教学论研究时，始终保持着教学实践这根“常青”的藤，始终将教学论根植于“教学实践”这片沃土上，而保证教学理论来源于实践。

教学论的实践性还在于其“到实践中去”的应用性。教学理论归根到底要通过教学实践加以检验，才能验证其是否合理、科学与正确。换言之，验证其到底是真理还是谬误，是为了确定其究竟会获得发展还是会遭到抛弃，进而对教学理论作出好坏、对错、优劣之分，以便更好地发展理论、推动实践。换句话说，理论始终是理论，再有价值的好理论，都只能为实践实现

① 肖前等. 实践唯物主义研究［M］. 北京：中国人民大学出版社，1996：146.

"主体客体化"这一改造世界的目的服务。我们考察中国近些年教学理论的发展，可以发现这样的事实：我国教学论研究产出的成果颇为丰硕，然而少有在世界范围内有影响力的；丰硕的成果只能"风靡一时"，便销声匿迹。究其根本，就在于缺乏对教学理论应用性的重视。完美的理论阐释、严密的逻辑构建如果不能够在实践中加以验证，其命运必是昙花一现。而变革性教学实践的成功之处就在于其理论来源于实践，又进一步"到实践中去"，完整地实现了"实践"这一双向对象化活动，即"客体主体化"与"主体客体化"的双向建构，形成螺旋式上升的态势。教学论的实践性要求其研究方法的实践性。这主要是指教学论研究应该深入实践、深入教学生活世界、深入课堂这个师生的生活场所进行研究，才能够形成对教学的有效认识。教学论研究的对象本身存在于并且就是课堂教学的实践活动。而走出"书斋"，进入教学实践，基于实践并在实践中把握研究对象，分析教学问题，探寻教学规律，解释教学现象，才能够全面建构教学论，完成"客体主体化"的实践过程。

3．实践教学论——教学论发展的可能突破

苏联著名教学论专家赞可夫，在其著作《教学论与生活》一书中指出："科学的教学论应建立在研究教学的实践及其改造的基础之上，这是无可争论的真理。对实践的研究可有各种不同的形式，既可研究并概括教师的先进经验，也可进行实验，而实验是为了查明效果和解释'现成的'经验，有时是为了创造新的经验，等等。同时，教学论与整个教育学一样，也是为实践服务的。"[①] 那么，对于教学实践的研究，我们既可以"研究并概括经验"，也可以"进行实验"；既可以进行理论研究，完善教学理论，也要实验研究，应用教学理论并验证其优劣；既要进行"客体主体化"的主观教学世界的理论构建，也要"主体客体化"的客观教学生活的实现与发展。我们要形成对教学客观世界的本真认识，形成教学主观观念的合理认知，教学论研究理应重视

① ［苏］Л. В. 赞可夫. 教学论与生活［M］. 俞翔辉，杜殿坤译. 北京：教育科学出版社，2001：141.

"实践"教学论。对于实践教学论，我们无意对其进行概念式的定义，因其含义甚广，无法用三言两语就能涵盖，但是，基于自身的实践与反思，我们可以对其进行操作性的解释。

(1) 实践教学论召唤教学论研究者走出"书斋"，深入教学生活

变革性教学实践紧紧贴近教学生活，与实际的客观教学相联系，在此过程中发展理论，并反过来继续指导教学。因此，变革性教学实践的理论是立体的、丰满的，充满了教学生活旨趣。走向实践教学论就意味着教学论研究者，无论是专家教授，或是正在接受专业训练的研究生，都应该抛开仅"固守书斋式"的研究，离开仅仅围绕文献与理论的研究，去教学的生活世界寻找教学论的完整，在教学的生活世界追寻教学论的生长点。但是，这种"抛开""离开"不是丢弃，而是在已有科学认识教学的基础上，去教学的生活世界验证已有认知，并在教学生活中进一步发展、完善关于教学的认知，进一步形成系统的、科学的、有价值的教学论理论体系。以教学客观世界去丰富、完善关于教学的主观认知，形成体系合理、逻辑严密、具有实践性的教学论。

(2) 实践教学论引领思维方式由"本体论"思维走向"实践性"思维

理论研究长期以来探索"教学论是什么"的问题，这种追问是本体论的思维方式。开展"教学论是什么"的探讨是进行教学论研究的根基，但是，如果紧紧抓住本体问题不放，不从教学客观世界中寻找其根由，必定是空洞乏味的。我们应进一步追问的是"如何认识教学论""教学论何为"的问题，不再简单地进行"教学论是什么"的本体论追问，而是脱离开抽象的、空洞的本质探讨，在社会背景下、时代要求下进行意义的追寻，并在客观世界中实现对意义的追寻。这样的教学论才是具体的、历史的。这样的追寻改变的是研究者的思维方式，思维方式是进行教学论研究的根本性、决定性因素，思维方式决定了研究的过程、研究的方法、研究的理论基础等等一系列重要问题。这就要求教学论研究实现由线性思维到非线性思维、简单思维到复杂思维、对象性思维到反思性思维、本体论思维到实践性思维的转变。实践性思维意味着应以科学的实践观全面地理解教学论、研究教学论，并在此基础

上践行教学。

（3）实践教学论呼唤教学研究成为教学工作者的生活方式或生活实践

教学研究与教学论研究是既相联系又有区别的关系。教学研究的对象是各个学科的现实教学问题，教学论研究的对象是既基于学科又超越于学科的种种教学现象及其规律。教学研究是一种工作研究或经验研究，教学论研究是一种范式研究或学理性研究 。一般说来，从事教学研究的人员可以是教学理论工作者，也可以是教学实践工作者或各地的教研员，还可以是教学管理者。而从事教学论研究的人，主要是教学理论工作者，其主要精力用于探讨教学论学科发展的逻辑，重视教学论学科建设。① 实践教学论要求教学工作者在其“教学论研究”的指导下，进行“教学研究”，并以教学研究验证、丰富教学论研究的成果。作为一种“工作研究或经验研究”的教学研究，应成为教学工作者在教学客观生活世界中的生活方式或生活实践，即教学工作者以高度的责任感并满怀激情，在教学生活世界践行，在教学主观世界建构。

教学论提供知识，告诉人们“教什么，学什么”“怎样教，怎样学”。知识是对认识对象的理解与把握，而教学论不应只停留于提供知识，教学论也应该提供思想，思想对教学更有意义，只有达到思想的高度，教学质量和水平才能得以提升，教学的意义才能得以彰显。走向实践教学论意味着对教学论认识的发展，抛开“主客二分”的思维方式，以教学论之科学性与实践性全面地进行教学论研究。基于对实践的理解，继续以教学论的科学性引领教学之发展，以教学论之实践性丰富其理论构建，是每一个教学论研究者的基本立场与责任。

（四）中国教学论发展的生长点之学科体系维度

对教学论学科体系的探讨，直接关涉到作为一门科学的教学论的发展和

---

① 李森．现代教学论纲要［M］．北京：人民教育出版社，2005：3.

作为一门学科的教学论本身研究的深化。关于建构有中国特色的教学论体系、中国化教学论，以及本土化教学论的倡议与呼声是对教学论学科体系探究的结果。本研究从教学论历史发展的长河中，梳理、归纳教学论发展的规律，就是为了教学论学科的发展。探究教学论发展的生长点问题，就不能不从教学论学科体系构建的维度进行分析与审视，为教学论的发展提供新的动力。

1. 教学研究方法论——教学论学科体系完善的薄弱点

教学论是教育科学的一个独立分支学科，教学研究方法论同样应是教育研究方法论的一个分支，两者既有区别又密切联系在一起。目前，中国教学论的学科发展，教学研究方法论是薄弱的环节。教学研究方法论是教学论成熟的标志，标志着教学论开始由“自在”走向“自为”。同时，方法论直接影响研究的逻辑起点、研究过程，并且最终影响研究结论。教学论学科发展如果要取得新的突破，教学研究方法论的发展是可能的选择与路径。

有学者认为教学论研究领域不存在真正的教学研究方法论，其意指教学研究的方法论均借鉴于其他学科，自身并没有区别于其他学科的独特的方法论体系。可以说，上述一语道破了目前教学研究方法论发展的现状，教学研究方法论借鉴社会学、文化学等人文社会科学的方法论，也借鉴生物学、数学等自然科学研究方法论；既援引哲学范畴内的方法论，也探讨一般系统科学方法论对教学研究的影响。教学是人为的、为人的活动，教学是整个社会系统中的子系统、一部分。而教学这种关于人的、对于人的、为了人的、在人之中的特殊活动就涉及了方方面面的子系统。就此层面而言，教学研究方法论借鉴其他学科是必要的、不可避免的。但是如何运用其他学科的方法论有效地指导教学研究，进而获得教学的有效认识，丰富教学研究的成果？笔者认为这既是教学研究不可回避的问题，也是教学研究方法论的任务之一。教学研究方法论就是要澄清教学研究对象与从其他学科借鉴而来的方法论的关系问题（适切性），以及运用其他学科方法时所涉及的一系列问题；在此意义上，建立起教学研究独特的方法论体系，指导教学研究，反思教学论的学科体系构建。

教学研究方法论亦可以分解为两部分：教学研究与方法论。关于教学研究方法论的理解就是关于教学研究、教学研究中的方法论问题。基于此种理解，教学研究方法论的主要任务不是提供一种知识，而是着眼于方法论的基本问题，如研究对象与方法的关系等，进而解决研究者思维层面的方法问题。教学研究方法论的本质不在于一种关于方法的知识，而是思维方式的变革。教学研究方法论则在教学论学科体系中不再处于子学科、分属学科，而是教学论学科体系的基础学科，从方法论层面指导教学论学科的发展。这种解读基于方法论的丰富涵义，体现了学科方法论应具有的关系性、批判性与反思性、历史性等特质。因此，教学论学科发展应该建立的就是这种教学研究——方法论体系。

2. 迎合时代精神，以“学”为逻辑起点建构教学论学科体系

教学论发展的新的生长点应是时代精神和反映，同时应符合教学论学科的基本性质。马克思主义认为，社会发展过程实质上就是人类不断解放自身的过程，因此，人类的解放、个性的充分发展程度是判断社会进步的一个重要尺度。[①] 还有学者认为：“无论社会处于何种方向的发展状态，个性的积极自主和创造性地发展，即我们假设的正向发展都具有推动社会发展的意义。”[②] 21 世纪的社会发展，个体价值与社会价值、个体利益与社会利益、个体需要与社会需要的对立关系已经发生了变化，二者之间的一致性提高，对立的程度不断降低。21 世纪教学论的发展应该适应社会中个体性与社会性的关系变化，将个人价值与社会价值统一起来。确切地说，新的时代精神要求教学论的发展以人的解放为目的，人的解放其实质就是人的主体性的充分发挥与发展。尊重人性、尊重人的主体性是相对于教学中忽视人的主体性而言的。所以，有学者呼吁：“当代教学论的研究主题是：以学生主体性发展为教学改革的起点和依据……实现人

---

① 李森．现代教学论纲要［M］．北京：人民教育出版社，2005：17.

② 叶澜．教育概论［M］．北京：人民教育出版社，1991：318.

的发展的社会化和个性化的统一。”① 长期以来，我国传统教学论就是“以学论教”，虽然提出了“学而知之”“学思结合”等“学”的思想与理论，但最终其落脚点都在于“教”。在西方，教学论的词源学考察其意为“我教”，在夸美纽斯的《大教学论》中也阐明其教育目的在于“把一切事物教给一切人们的全部艺术”。可见，无论是中国古代的教学论思想，还是西方的教学论发展，其学科逻辑起点都在于“教”。即便是教学论发展至赫尔巴特、凯洛夫那里，也都采取了以“教”为逻辑起点的教学论学科体系的阐述线路。深受传统教学论流派和凯洛夫教学论体系影响的中国教学论，其学科体系的理论线路为：教学目的、教学内容、教学方式、教学过程、教学原则、教学评价等。依研究者看来，迎合时代的精神以“学”为逻辑起点建构教学论学科体系与此并不矛盾或冲突，而是扬弃以往将“学”排除在体系之外的建构模式，丰富教学论学科体系的内容，从而为教学论的学科发展注入新的动力。

第一，以“学”为逻辑起点的教学目的论。人们做任何事情都是有目的的。盲目的行动不仅阻碍行动的有效进行，甚至有害于人们的行动。关于教学目的，一般认为教学目的是教学过程结束时所要达到的结果，或者是教学活动预期达到的结果。教学目的与教育目的相重合，且与具体的教学目标相区别。教学目的既要反映时代与社会的需要，也应符合人的基本发展与需要。人们对教学目的的具体内容一般作出区块划分，如德、智、体、美、劳等各方面的不同预期。实际上，这是为教师的教所要达到的目标和便于教师教学评价而设置的教学目的。教师明确了教的目的，并不意味着学生明了其学的任务与目标。尊重学生、尊重学生的主体性就意味着学生在具体的教学过程中明白自己的学习任务、所要达成的教学目标，而不应由外部的力量强加于学生。教师要对学生予以指导，学生也要积极促进自身发展。学习目的也可细分，有长远目标、近期计划等。这其中的关键是要让学生主体性得到发挥，制定适合自己学习的日程安排计划从而达成教学目的。统一教的目的与学的

① 裴娣娜. 论我国教学论学科建设与发展 [J]. 中国教育学刊，1998（06）：36-39.

目的，最终是为了学生的主体性发展。

第二，以“学”为逻辑起点的教学过程论。教学过程是教师教和学生学相统一的活动，是师生之间特殊的交往活动。具体说来，教学过程应该包括教学计划的制订、教学内容的选择、教学计划的实施、教学方法的选择、教学实施、教学评价等基本环节。以“学”为逻辑起点论证教学过程，要求教学过程应以学生的解放、主体性发挥为重点进行一系列的教学活动。也就是说，教学计划的制订是以学生已有的发展状况为前提，教学内容的选择适应学生的发展阶段，教学方法的选择以学生的自主学习为目标（教是为了不教）。如教师要关注学生的个体差异，“不要让优秀学生‘吃不饱’”，也不要让学习困难者掉了队。早在 20 世纪 20 年代，陶行知先生就主张把“教授法”改为“教学法”，并主张“教的法子要根据学的法子、学的法子要根据做的法子”。教学过程是教师最终为了学生的学而进行的活动。以“学”为逻辑起点论证教学过程，并不否认教的作用，而是要求“教师的教”与“学生的学”同在，并且要使“教师的教”关注“学生的学”。

第三，以“学”为逻辑起点的教学主体论。教学主体的问题实质是教师与学生在教学过程中的关系问题。在教学论学科体系发展中，关于教师、学生的地位及作用的认识是不断反复、深化的过程。主体是有目的、有意识地从事实践活动和认识活动以满足其需要的现实的人。教学主体实际上就是有目的、有意识地从事教学实践活动和认识活动，并且在其活动过程中体现了自身主体性的现实的人。体现主体性的教学活动实质是高举主体性的旗帜，倡导教学过程中教师和学生，特别是学生的自主性、能动性、创造性的发挥。

以“学”为逻辑起点建构起的教学论，其理论内容应包括：在教学目的上，倡导学生的个性发展与社会需要的统一，以及学习目的或目标的明确；在教学过程中，突破以往的教师教、学生学的理论思维路线，而应将教学过程视为学生主动建构意义，能动性、自主性发挥的创造性过程；在教学方法上，是区别于以往的教“知识”与“能力”，而着眼于教、落点于学，“授学生以渔”；师生关系方面，是建立双方平等的对话关系。

结 束 语

一直以来，对教学论的学科建设存在着热情与责任感，期待自己的学习或研究能对教学论的学科发展做一些基础性的工作。因此，问题域是早已确定，但如何下手又十分茫然。在与导师和同学的交流探讨中我不断地解悟，又进入新的困惑。教学论发展的方法论研究，从方法论的角度梳理、归纳并分析了中外教学论发展的历史，从历史中透视教学论发展的基本规律，并基于中国教学论的特点为教学论发展探寻新的生长点。这个研究过程就如同在历史的长河中，沿着教育学家、教育家的认识轨迹，追踪教学论的发展路径。这种历史的探寻过程是对教学活动发生、发展和演变的丰富历史事实进行分析、破译和整理，以探求教学活动本身的发展过程和人类认识教学活动的历史发展过程，从而揭示其发展规律。通古今之变，以史为鉴，通过对纵向的教学活动的历史发展进程的考察，研究教学实践和教学论发生、发展、演变过程的历史规律是为了说明过去。说明过去是为了把握现实、预测未来。在历史的反思中，通过剖析一种方法论或不同方法论对人们教学实践以及教学认识的渗透和影响，对历史进行挖掘和把握，从而在批判、选择的基础上继承。也正是通过古今转化，伴随对教学历史的理解和思考的不断丰富、深化，审视教学论历史中已回答的问题，并发现在历史发展中教学论所寻求的价值标准的不断变化，从而与时俱进，为中国现代教学论的发展提供新的启示。列宁说："认识是思维对客体的永远的、没有止境的接近。"对于教学的认识也是如此，这就意味着教学论的发展同样是不断变化和运动的。即便是对本研究来说，尽管对教学论的发展进行了历史的梳理与反思，仍然会对教学论发展的认识存在诸多的困惑与质疑。

第一，如何理解教学论的历史发展？教学是复杂的、特殊的社会活动，因此，对于教学的认识而形成的理论体系——教学论也是受到诸多因素影响而发展的。那么，教学论的历史发展就不能简单地仅仅理解为一门学科，或者思想理论的发展。教学论由其社会功能所带来的价值取向是受统治阶级的政治性影响的。这在中国传统教学思想发展的过程中体现得非常明显。从这个角度来说，教学论的历史发展是具有阶级性与政治性的。本研究对教学论发展的历史仅以方法论为切入点进行梳理与分析，不对教学思想所植根的文化土壤与历史成因作具体解读，显然会造成对教学论历史发展的认识有所偏颇。这也从侧面进一步论证了教学论研究复杂思维的取向。因此，当回首审视本研究所经历的思考、再思考的过程，就不能以全面性、客观性、绝对性来衡量整个的研究。我们只需要从方法论角度尽量完成对教学论发展的认识，就已经达到本研究的目的了。

第二，如何理解方法论？本研究以方法论为视角梳理教学论的发展，不仅仅是为了认识、明确以及预测教学论的发展。教学论研究域内对方法论的淡漠以及科学精神的缺失也是本研究选取方法论为视角的重要原因。一直以来，人们对“方法论是什么”都难以达成共识。方法论的模糊定位以及隐晦内涵使得研究者对其望而却步。究竟教学论的方法论是什么？应该是什么？教学论研究的方法论与教学论学科是什么关系？是否存在教学论学科独特的方法论基础？等等。一系列的问题需要研究者们的解答。方法论的重要性已经在众多的研究中凸显，然而未能成为每一位研究者的有意识行为。本研究期望在从方法论的视角梳理教学论历史的基础上，进一步解读方法论在教学论发展历史中的作用以及明确今日之方法论的定位。这或许是本文后续研究的取向。

第三，如何理解教学论发展的生长点？教学论发展的生长点是促进、超越已有教学论思想，并能支撑教学论发展的理论、思想或趋向。生长点是时代精神的反映，反映了时代对教学的要求；生长点是开放性的，是不断吸取新的优秀成果而发展，且在动态发展的过程中不断完善的。对于中国教学论而言，生长点的探讨更是在中国教学论理论特征以及教学实践的要求基础上完成的。只有将生长点与中国具体的教学论实际相联系，才是真正的教学论发展的生长点。本研究将教学论的实践性与实践性教学论作为教学论发展的生长点，既是历史发展的趋势，也是中国教学论研究实际需要的体现。但是，究竟是否能够对中国教学论发展真正有所助益，还有待于实践证明和历史的检验。

本研究的创新之处体现在两个方面：一是研究视角的创新。从方法论的角度对教学论的历史与存在进行考察，期望通过这样的研究对现代教学论的学科建设与发展有所助益。以研究者所掌握的资料来看，从方法论的角度全面考察、比较中外教学论是首次。二是观点的创新。从方法论的角度思考教学论的历史发展、现实存在与未来走向，与从其他的视角去审视教学论，应该会有独特的观点或结论，这也是本研究的创新之处。

人贵自知与反思。当我们对教学论发展的历史和未来试图作出自己的解读时，就意味着我们在进行自我认识和反思。对教学论发展的再认识与反思，使研究者对以往关于教学论的认识有了更加深刻的体会与领悟。教学论研究需要这样的自我证明和反思的过程。教学论的发展与前行，路在前方。

主要参考文献

（一）中文著作类

［1］朱文公文集（卷七十《读大纪》）.

［2］河南程氏遗书（卷十一）.

［3］春秋繁露·楚庄王.

［4］柳河东集·黔之驴（卷十九）.

［5］汉书·董仲舒传.

［6］韩昌黎全集·原性（卷十一）.

［7］［德］康德. 康德教育论（国难后第 1 版）［M］. 瞿菊农编译. 上海：商务印书馆，1933.

［8］毛泽东选集（第 1 卷）［M］. 北京：人民出版社，1951.

［9］［苏］凯洛夫. 教育学［M］. 沈颖，南致善等译. 北京：人民教育出版社，1953.

［10］［俄］列宁. 哲学笔记［M］. 中共中央马克思恩格斯列宁斯大林著作编译局译. 北京：人民出版社，1956.

［11］［俄］列宁. 唯物主义与经验批判主义［M］. 中共中央马克思恩格斯列宁斯大林著作编译局译. 北京：人民出版社，1956.

［12］北京大学哲学系外国哲学史教研室. 西方古典哲学原著选辑：古希腊罗马哲学［M］. 北京：生活·读书·新知三联书店，1957.

［13］中共中央马克思恩格斯列宁斯大林著作编译局. 列宁选集第 38 卷

[M]. 北京：人民出版社，1960.

[14] 胡寄窗. 中国经济思想史（上） [M]. 上海：上海人民出版社，1962.

[15] 洪谦. 西方现代资产阶级哲学论著选辑 [M]. 北京：商务印书馆，1964.

[16] 中共中央马克思恩格斯列宁斯大林著作编译局. 马克思恩格斯选集 [M]. 北京：人民出版社，1972.

[17] [德] 恩格斯. 反杜林论 [M]. 北京：人民出版社，2015.

[18] 爱因斯坦文集（第一卷）[M]. 北京：商务印书馆，1976.

[19] 北京大学哲学系外国哲学史教研室. 十八世纪末——十九世纪初德国哲学 [M]. 北京：商务印书馆，1975.

[20] 辞海 [M]. 上海：上海辞书出版社，1979.

[21] [德] 黑格尔（G. W. F. Hegel）. 小逻辑 [M]. 贺麟译. 北京：商务印书馆，1980.

[22] [美] 杜威（Dewey，J.）. 杜威教育论著选 [M]. 赵祥麟，王承绪编译. 上海：华东师范大学出版社，1981.

[23] 北京大学哲学系外国哲学史教研室. 西方哲学原著选读（上卷）[M]. 北京：商务印书馆，1981.

[24] [汉] 许慎撰，[清] 段玉裁注. 说文解字注 [M]. 上海：上海古籍出版社，1981.

[25] [苏] 斯卡特金. 现代教学论问题 [M]. 张天恩译. 北京：教育科学出版社，1982.

[26] 陈友松. 现代西方教育哲学 [M]. 北京：教育科学出版社，1982.

[27] 车文博. 教学原则概论 [M]. 武汉：湖北人民出版社，1982.

[28] 王念孙. 广雅疏证 [M]. 上海：上海古籍出版社，1983.

[29] [英] 培根（F. Bacon）. 培根论人生——培根随笔选 [M]. 何新译. 上海：上海人民出版社，1983.

[30] [捷克] 夸美纽斯，大教学论 [M]. 傅任敢译. 北京：人民教育出版社，1984.

[31] 董远骞. 教学论 [M]. 杭州：浙江教育出版社，1984.

[32] [南] 鲍良克. 教学论 [M]. 叶澜译. 福州：福建人民出版社，1984.

[33] 黄济. 教育哲学 [M]. 北京：北京师范大学出版社，1985.

[34] [苏] 斯卡特金. 中学教学论 [M]. 赵维贤等译. 北京：人民教育出版社，1985.

[35] [德] 马克思. 1844 年经济学哲学手稿 [M]. 中共中央马克思恩格斯列宁斯大林著作编译局编译. 北京：人民出版社，2014.

[36] 李泽厚. 中国古代思想史论 [M]. 北京：生活·读书·新知三联书店，2017.

[37] 王策三. 教学论稿 [M]. 北京：人民教育出版社，1985.

[38] 金增嘏. 西方哲学史（下卷） [M]. 上海：上海人民出版社，1985.

[39] 吴杰. 教学论——教学理论的历史发展 [M]. 长春：吉林教育出版社，1986.

[40] 周昌忠. 西方科学方法论史 [M]. 上海：上海人民出版社，1986.

[41] [英] 波普尔. 猜想与反驳——科学知识的增长 [M]. 傅季重等译. 上海：上海译文出版社，1986.

[42] [苏] 敦尼克等. 古代辩证法史 [M]. 齐云山等译. 北京：人民出版社，1986.

[43] 王家俊. 马克思主义认识论 [M]. 长春：吉林人民出版社，1986.

[44] 洋溟. 中国传统文化的反思 [M]. 广州：广东人民出版社，1987.

[45] [苏] 沃罗约夫. 教育学的研究方法问题 [M]. 诸惠芳译. 北京：人民教育出版社，1988.

[46] 刘蔚华. 方法论辞典 [M]. 南宁：广西人民出版社，1988.

[47] 刘克兰. 教学论 [M]. 重庆: 西南师范大学出版社, 1988 年版.

[48] 钟启泉. 现代教学论发展 [M]. 北京: 教育科学出版社, 1988.

[49] 田本娜. 外国教学思想史 [M]. 北京: 人民教育出版社, 2001.

[50] [美] 萨顿 (Sarton, G.). 科学史和新人文主义 [M]. 陈恒六等译. 北京: 华夏出版社, 1989.

[51] [德] 赫尔巴特, 普通教育学・教育学讲授纲要 [M]. 李其龙译. 北京: 人民教育出版社, 1989.

[52] 瞿葆奎主编, 施良方选编. 教育学文集: 教学 (中册) [M]. 北京: 人民教育出版社, 1989.

[53] 曹孚著, 瞿葆奎等选编. 曹孚教育论稿 [M]. 上海: 华东师范大学出版社, 1989.

[54] 毛祖桓. 从方法论看教育学的发展 [M]. 重庆: 重庆出版社, 1990.

[55] 唐文中. 教学论 [M]. 哈尔滨: 黑龙江教育出版社, 1990.

[56] 于丁春.《哲学方法论》[M]. 北京: 北京出版社, 1990.

[57] 吴也显等. 教学论新编 [M]. 北京: 教育科学出版社, 1991.

[58] [澳] W. F. Connell. 20 世纪世界教育史 [M]. 孟湘砥, 胡若愚译. 长沙: 湖南教育出版社, 1991.

[59] 陈燮君. 学科学导论: 学科发展理论探索 [M]. 上海: 上海三联书店, 1991.

[60] 李秉德. 教学论 [M]. 北京: 人民教育出版社, 1991.

[61] 叶澜. 教育概论 [M]. 北京: 人民教育出版社, 1991.

[62] 邹进. 现代德国文化教育学 [M]. 太原: 山西教育出版社, 1992.

[63] 瞿葆奎. 教育学文集・教育与教育学 [M]. 北京: 人民教育出版社, 1993.

[64] 杜殿坤. 原苏联教学论流派研究 [M]. 西安: 陕西人民教育出版社, 1993.

［65］陆有铨．现代西方教育哲学［M］．开封：河南教育出版社，1993．

［66］张武升．教学论问题争鸣研究［M］．天津：南开大学出版社，1994．

［67］陈佑清．教育目的论［M］．武汉：湖北教育出版社，1994．

［68］中共中央马克思恩格斯列宁斯大林著作编译局．马克思恩格斯选集（第1卷）［M］．北京：人民出版社，1995．

［69］杨启亮．困惑与抉择——20世纪的新教学论［M］．济南：山东教育出版社，1995．

［70］张汝伦．历史与实践［M］．上海：上海人民出版社，1995．

［71］叶澜．教育研究方法导论［M］．合肥：安徽教育出版社，1995．

［72］中国大百科全书（简明版第5卷）［Z］．北京：中国大百科全书出版社，1996．

［73］商聚德．中国传统文化导论［M］．保定：河北大学出版社，1996．

［74］肖前等．实践唯物主义研究［M］．北京，中国人民大学出版社，1996．

［75］黄济，王策三．现代教育论［M］．北京：人民教育出版社，1996．

［76］田慧生，李如密．教学论［M］．石家庄：河北教育出版社，1996．

［77］［美］W．维尔斯曼（William Wiersma）．教育研究方法导论（第6版）［M］．袁振国主译．北京：教育科学出版社，1997．

［78］张瑞璠，王承绪．中外教育比较史纲（现代卷）［M］．济南：山东教育出版社，1997．

［79］董远骞．中国教学论史［M］．北京：人民教育出版社，1998．

［80］顾明远．教育大辞典（增订合编本）［Z］．上海：上海教育出版社，1998．

［81］张传燧．中国教学论史纲［M］．长沙：湖南教育出版社，1999．

［82］叶澜．教育研究方法论初探［M］．上海：上海教育出版社，1999．

［83］施良方，崔允漷．教学理论；课堂教学的原理、策略与研究［M］．

上海：华东师范大学出版社，1999.

[84] 熊川武. 反思性教学 [M]. 上海：华东师范大学出版社，1999.

[85] [德] 马克斯·韦伯. 社会科学方法论 [M]. 杨富斌译. 北京：华夏出版社，1999.

[86] [德] 卡尔·曼海姆 (Karl Mannheim). 意识形态与乌托邦 [M]. 黎鸣，李书崇译. 北京：商务印书馆，2000.

[87] 王坤庆. 教育学史论纲 [M]. 武汉：湖北教育出版社，2000.

[88] 杨春鼎. 教育方法论 [M]. 北京：人民教育出版社，2000.

[89] 徐继存. 教学理论反思与建设 [M]. 兰州：甘肃教育出版社，2000.

[90] 赵光武. 后现代主义哲学述评 [M]. 北京：西苑出版社，2000.

[91] 徐继存. 教学论导论 [M]. 兰州：甘肃省教育出版社，2001.

[92] [苏] Л. В. 赞科夫. 教学论与生活 [M]. 俞翔辉，杜殿坤译. 北京：教育科学出版社，2001.

[93] [法] 莫兰. 复杂思想：自觉的科学 [M]. 北京：北京大学出版社，2001.

[94] 蔡宝来. 现代教学论的发展反思与构建 [M]. 兰州：甘肃人民出版社，2001.

[95] 靳玉乐，李森，沈小碚，刘清华. 中国新时期教学论的进展 [M]. 重庆：重庆出版社，2001.

[96] 李定仁，徐继存. 教学论研究二十年：1979—1999 [M]. 北京：人民教育出版社，2001.

[97] 石中英. 教育学的文化性格 [M]. 太原：山西教育出版社，2001.

[98] [英] 怀特海 (Alfred North Whitehead). 教育的目的 [M]. 徐汝舟译. 北京：生活·读书·新知三联书店，2002.

[99] 黄甫全. 课程与教学论 [M]. 北京：高等教育出版社，2002.

[100] 张志伟. 西方哲学史 [M]. 北京：中国人民大学出版社，2002.

[101] 郭华. 教学社会性之研究 [M]. 北京：教育科学出版社，2002.

[102] 黄甫全，王本陆. 现代教学论学程（修订版）[M]. 北京：教育科学出版社，2003.

[103] 张楚廷. 课程与教学哲学 [M]. 北京：人民教育出版社，2003.

[104] [美] 梯利. 西方哲学史 [M]. 葛力译. 北京：商务印书馆，2004.

[105] 卡西尔. 人文科学的逻辑 [M]. 关之尹译. 上海：上海译文出版社，2004.

[106] [英] 安迪·格林. 教育、全球化与民族国家 [M]. 朱旭东等译. 北京：教育科学出版社，2004.

[107] 陈其荣，曹志平. 科学基础方法论——自然科学与人文、社会科学方法论比较研究 [M]. 上海：复旦大学出版社，2004.

[108] 李方. 现代教育研究方法 [M]. 广州：广东高等教育出版社，2004.

[109] 王本陆. 课程与教学论 [M]. 北京：高等教育出版社，2004.

[110] 杨小微. 现代教学论 [M]. 太原：山西教育出版社，2004.

[111] 滕大春，戴本博. 外国教育通史（第1卷）[M]. 济南：山东教育出版社，2005.

[112] 裴娣娜. 现代教学论 [M]. 北京：人民教育出版社，2005.

[113] 李森. 现代教学论纲要 [M]. 北京：人民教育出版社，2005.

[114] 张伟胜. 实践理性论 [M]. 杭州：浙江大学出版社，2005.

[115] 陈晓端. 当代教学理论与实践问题研究 [M]. 北京：中国社会科学出版社，2007.

[116] 杨小微，张天宝. 教学论 [M]. 北京：人民教育出版社，2007.

[117] [美] 诺曼·K. 邓津（Norman K. Denzin），伊冯娜·S. 林肯（Yvonna S. Lincoln），定性研究（第1卷）：方法论基础 [M]. 风笑天等译. 重庆：重庆大学出版社，2007.

[118] [英] 普林，教育研究的哲学 [M]. 李伟译. 北京：北京师范大学出版社，2007.

[119] [美] 奈尔·诺斯丁. 教育哲学 [M]. 许立新译. 北京：北京师范大学出版社，2008.

[120] [英] 弗兰西斯·培根. 新工具 [M]. 陈伟功译. 北京：北京出版社，2008.

[121] 徐继存，车丽娜. 课程与教学论问题的时代澄明 [M]. 济南：山东教育出版社，2008.

[122] 徐继存、赵昌木. 现代教学论基础 M]. 北京：北京大学出版社，2008.

[123] 陈晓端，郝文武. 西方教育哲学流派课程与教学思想 [M]. 北京：中国轻工业出版社，2008.

[124] 孙振东. 教育研究方法论探索 [M]. 重庆：重庆大学出版社，2008.

[125] 郝文武. 教育哲学研究 [M]. 北京：教育科学出版社，2009.

[126] 杨东平. 走向公共生活的教育理论：教育的文化传统与社会使命 [M]. 北京：北京师范大学出版社，2009.

[127] 不列颠百科全书（第 15 卷） [M]. 北京：中国大百科全书出版社，1999.

（二）中文论文类

[1] 刘要悟. 教学过程及其矛盾要素的分析 [J]. 教育研究，1984 (04).

[2] 罗明基. 试论传统教学论与现代教学论 [J]. 辽宁师范大学学报，1987 (01).

[3] 余敦康. 什么是儒学 [J]. 文史知识，1988 (06).

[4] 李秉德. 对于教学论的回顾与前瞻 [J]. 华东师范大学学报（教育科学版），1989 (03).

[5] 李秉德，王鉴. 时代的呼唤与教学论的重建 [J]. 社科纵横，1999 (02).

[6] 王策三. 教学论学科发展三题 [J]. 北京师范大学学报，1992 (05).

[7] 徐继存. 教学论研究中的两种偏向评析 [J]. 教育研究与实验，1994 (03).

[8] 汪刘生. 教学论研究的理论思考 [J]. 课程·教材·教法，1994 (11).

[9] 徐继存. 试论教学论体系的范畴建设 [J]. 教育科学，1994 (02).

[10] 迟艳杰. 教学论研究的历史演进 [J]. 沈阳师范学院学报 (社会科学版)，1995 (03).

[11] 徐继存. “非理论教学实践”及其批判 [J]. 教育科学，1995 (03).

[12] 雷鸣强. 对教育理论研究功效低下的反思 [J]. 教育理论与实践，1995 (03).

[13] 从立新. 教学论三问 [J]. 教育研究，1996 (08).

[14] 裴娣娜. 从传统走向现代——论我国教学论学科发展的世纪转换 [J]. 教育研究，1996，(04).

[15] 王嘉毅，李秉德. 论教学论 [J]. 教育研究，1996 (07).

[16] 陈晓端. 全国教学论专业委员会第六届学术年会综述 [J]. 教育研究，1997 (10).

[17] 蔡宝来. 试论教学论研究的思维规范 [J]. 教育研究，1997 (04).

[18] 徐继存. 论教学论体系的逻辑表述 [J]. 宁夏大学学报 (社会科学版)，1997 (02).

[19] 张斌贤. 从“学科体系时代”到“问题取向时代”——试论我国教育科学研究发展的趋势 [J]. 教育科学，1997 (01).

[20] 叶澜. 让课堂焕发出生命活力——论中小学教学改革的深化 [J]. 教育研究，1997 (09).

[21] 田慧生. 对教学论学科性质、地位与研究对象的再认识 [J]. 教育研究，1997 (08).

[22] 王嘉毅，许洁英. 世纪之交的教学研究方法论 [J]. 西北师大学报 (社会科学版)，1997 (05).

[23] 李定仁，潘洪建. 我国教学论教材的比较研究 [J]. 教育研究，1997，(01).

[24] 王兆. 论教学论研究中的“失语”现象 [J]. 西北师大学报 (社会科学版)，1998 (04).

[25] 张广君. 教学论研究与发展的困境、盲点和误区 [J]. 教育研究，1998 (11).

[26] 蔡宝来，王嘉毅. 现代教学论的概念、性质及研究对象 [J]. 教育研究，1998 (02).

[27] 覃方明. 社会学方法论新探 (上) ——科学哲学与语言哲学的理论视角 [J]. 社会学研究，1998 (02).

[28] 张秀红. 论《学记》所反映的教学辩证法思想 [J]. 河南大学学报 (社会科学版)，1998 (06).

[29] 裴娣娜. 论我国教学论学科建设与发展 [J]. 中国教育学刊，1998，(06).

[30] 徐继存. 教学论观念辨析 [J]. 西北师大学报 (社会科学版)，1999 (01).

[31] 黎君. “创学派”与“真学问”之学理考 [J]. 上海教育科研，1999 (01).

[32] 李长吉，王琪. 形而上的思辨对教学论研究的意义 [J]. 高等师范教育研究，1999 (06).

[33] 李秉德，李定仁，徐继存，李瑾瑜，蔡宝来，安珑山，潘洪建，郝志军，王兆璟. 教学论学科建设问题的回顾与展望笔谈 [J]. 西北师大学报 (社会科学版)，2000 (01).

[34] 徐继存. 教学论的哲学人类学分析 [J]. 宁夏大学学报 (人文社会科学版)，2000 (01).

[35] 张广君. 教学本体问题研究的方法论范型 [J]. 西北师大学报 (社会科学版)，2000 (03).

[36] 迟艳杰. 教学论的基础 [J]. 教育研究, 2000 (01).

[37] 蔡宝来. 传统教学论的产生及发展历程 [J]. 教育研究, 2000 (06).

[38] 安方明, 张琦. 教学论研究的回顾与展望 [J]. 教育科学研究, 2000 (02).

[39] 高天明, 李定仁. 关于提高我国教学论学科水平的思考与探索 [J]. 深圳大学学报 (人文社会科学版), 2000 (04).

[40] 王鉴. 现代教学论 "界" 说 [J]. 宁夏大学学报 (人文社会科学版), 2000 (01).

[41] 孙周兴. 实践哲学的悲哀: 关于张汝伦的《历史与实践》[J]. 中华读书报, 2000 (29).

[42] 郭华. 当前教学论的焦点论题研究——与迟艳杰同志商榷 [J]. 南京师大学报 (社会科学版), 2001 (03).

[43] 王文静. "九五" 期间我国课程与教学论研究的回顾 [J]. 全球教育展望, 2001 (12).

[44] 徐继存, 安珑山. 教学论阐释与理解 [J]. 宁夏大学学报 (人文社会科学版), 2001 (01).

[45] 徐继存, 赵昌木. 教学本质追问的困惑与质疑——兼论教学论研究思维方式的变革 [J]. 教育理论与实践, 2002 (11).

[46] 徐继存, 安珑山. 教学论阐释与理解 [J]. 宁夏大学学报 (人文社会科学版), 2001 (01).

[47] 蔡宝来. 现代教学论的产生、发展及构建 [J]. 现代教育论丛, 2001 (03).

[48] 徐继存, 李定仁. 我国教学理论建设存在的问题及反思 [J]. 教育理论与实践, 2001 (08).

[49] 李定仁, 徐继存. 我国教学论研究的进展与走向分析 [J]. 西北师大学报 (社会科学版), 2001 (04).

[50] 李森, 王牧华. 现代教学论生长点试探 [J]. 西南师范大学学报

(人文社会科学版)，2001 (01).

[51] 林瑞华. 解释学的方法论在教育研究方法中的运用 [J]. 四川教育学院学报，2001 (S2).

[52] 刘清华，靳玉乐. 教学研究方法论的回顾与前瞻 [J]. 课程·教材·教法，2001 (07).

[53] 刘清华. 教学研究方法论发展前瞻 [J]. 天津市教科院学报，2001 (03).

[54] 牛宏宝. 先秦和古希腊思想家对认知进行设定的比较 [J]. 咸阳师范学院学报，2004 (01).

[55] 魏新民，蔡宝来. 教学论的困境与出路 [J]. 教育研究，2002 (06).

[56] 蔡宝来. 现代教学论学科发展：研究规范与生长点 [J]. 教育理论与实践，2002 (03).

[57] 张楚廷. 教学论：结构方法与层次分析 [J]. 湖南师范大学教育科学学报，2002 (03).

[58] 张传燧. 中国教学论发展的世纪回顾与前瞻——兼与蔡宝来先生商榷 [J]. 教育研究，2002 (03).

[59] 胡定荣. 21 世纪中国教学论发展的问题与走向 [J]. 教育研究，2002 (03).

[60] 蔡宝来. 出路与展望：现代教学论的未来发展 [J]. 西北师大学报 (社会科学版)，2002 (02).

[61] 魏新民，蔡宝来. 教学论的困境与出路 [J]. 教育研究，2002 (06).

[62]] 刘清华，郑家福. 教学论学科体系建构的思考 [J]. 西南师范大学学报 (人文社会科学版)，2002 (01).

[63] 陈树林. 对人本主义哲学的反思 [J]. 山东科技大学学报 (社会科学版)，2003 (04).

[64] 郭德红. 对教学论研究中存在问题的思考 [J]. 当代教育论坛，2004，(04).

[65] 郭华. 教学论研究患上了“没感觉”的症状 [J]. 教育科学研究，

2004 (07).

[66] 李定仁，李如密. 教学流派初探 [J]. 教育理论与实践，2004 (01).

[67] 王有英. 系统科学方法论与教育研究 [J]. 雁北师范学院学报，2004 (03).

[68] 赵永勤，沈小碚. 论后现代主义对教学研究方法论的影响 [J]. 当代教育科学，2004 (05).

[69] 李运萍，刘志红. 从我国教学论的历史发展看其走向 [J]. 河南机电高等专科学校学报，2004 (04).

[70] 李方. 后现代教学理念探微 [J]. 教育研究，2004 (11).

[71] 裴娣娜. 基于原创的超越：我国教学研究方法论的现代构建 [J]. 教育研究，2004 (10).

[72] 沈小碚，王牧华. 教学论学科研究的进展与问题 [J]. 西南师范大学学报 (人文社会科学版)，2004 (01).

[73] 王鉴. 教学论的表述危机与研究转型问题 [J]. 北京大学教育评论，2004 (02).

[74] 王凯，杨小微. 反思我国教学研究中的简单思维 [J]. 课程·教材·教法，2005 (12).

[75] 李松林. 论回归生活世界的教学论变革 [J]. 华东师范大学学报 (教育科学版)，2005 (01).

[76] 胡定荣. 论教学论发展的危机与范式转型 [J]. 教育研究，2005 (07).

[77] 纪德奎，王立国，李晖. 教学论研究范式的转向："文本式"到"田野式" [J]. 哈尔滨学院学报，2005 (02).

[78] 林可济. 追问"存在"，还是追问"存在者"？——从海德格尔的哲学视角梳理西方哲学史 [J]. 福建论坛 (人文社会科学版)，2005 (09).

[79] 王鉴. 教学论若干问题的反思 [J]. 教育研究，2005 (05).

[80] 吉标，徐继存. 困惑与反思：当前教学论研究三问 [J]. 教育科学，2006 (06).

[81] 张广君，张建鲲. 教学论：走进生活与超越现实 [J]. 教育研究，2006 (01).

[82] 杨小微，何艳. 在反思中重建：2005 年我国教学论研究及学科发展述评 [J]. 教育科学研究，2006 (11).

[83] 袁振国. 论高校哲学社会科学研究的形式与方法创新 [J]. 中国高等教育，2006 (17).

[84] 黄伟. 膨胀与萎缩：课程与教学研究的悖论——呼唤面向实践的教学论学科的重建 [J]. 当代教育科学，2006 (17).

[85] 桑国元. 对中国现代教育的理性思考——怀特海过程教育哲学的视角 [J]. 当代教育科学，2006 (11).

[86] 蒋菲. 20 世纪 90 年代我国元教学论研究的背景及其过程 [J]. 当代教育论坛，2006 (09).

[87] 李长吉. 教学论研究中的问题与主义 [J]. 课程·教材·教法，2006 (11).

[88] 靳玉乐，黄黎明. 教学回归生活的文化哲学探讨 [J]. 教育研究，2007 (12).

[89] 胡志刚，李秀华，李勇彬. 消除“跟随理论”现象，开创自主创新的中国气派的教学理论研究新局面 [J]. 湖南师大学报，2007 (01).

[90] 纪德奎. 当前教学论研究：热点与沉思 [J]. 教育研究，2007 (12).

[91] 张世远. “从无看有”的非对象性思维 [J]. 哈尔滨工业大学学报(社会科学版)，2007 (02).

[92] 李海明. 浅论系统科学方法论对教育研究的价值 [J]. 哈尔滨职业技术学院学报，2007 (04).

[93] 刘邦凡，何太淑. 教学论首先应该是逻辑的 [J]. 教学研究，2007 (06).

[94] 刘家访. 教学论理论基础的方法论思考 [J]. 教育理论与实践，2007 (23).

[95] 刘茜. 当代教学研究的发展趋势 [J]. 课程·教材·教法，2007 (04).

[96] 李森. 论教学论的基本类型 [J]. 教育理论与实践，2007 (23).

[97] 李燕. 国外教学论流派与我国教学论学科的发展 [J]. 西南民族大学学报 (人文社科版)，2007 (05).

[98] 罗儒国. 世纪初我国教学论学科发展的问题与走向 [J]. 教育学报，2007 (02).

[99] 南纪稳. 教学论是关于教学的事理之学 [J]. 教育理论与实践，2007 (07).

[100] 罗儒国. 论教学论研究的生存论转向 [J]. 教育理论与实践，2008 (10).

[101] 陈玉英. 论我国当代教学论发展的基本趋势 [J]. 当代教育论坛 (宏观教育研究)，2008 (03).

[102] 李森，潘光文. 教学论研究的事实与价值之思 [J]. 西南大学学报 (社会科学版)，2008 (06).

[103] 李森，潘光文. 从美国教学论流派的创生看中国教学论的发展 [J]. 课程·教材·教法，2008 (03).

[104] 房林玉. 教学论研究要面向教学事实本身 [J]. 教育探索，2008 (12).

[105] 刘富生. 巴门尼德的“存在论”对柏拉图的影响 [J]. 吕梁教育学院学报，2008 (01).

[106] 张菁，温小军. 教学论学科发展的审视与反思——中国教育学会教育学分会教学论第十一届学术年会综述 [J]. 中国教育学刊，2008 (10).

[107] 张俊列，徐学福. 现代教学论发展的文化反思与批判 [J]. 天津市教科院学报，2008 (04).

[108] 秦玉友. 教学论学科建设的若干思考 [J]. 课程. 教材. 教法，2008 (08).

[109] 肖正德，卢尚建. 改革开放 30 年我国教学论学科建设的成就和经验 [J]. 课程·教材·教法，2009 (10).

[110] 李森，张东. 教学论研究三十年：实然之境与应然之策 [J]. 西

南大学学报（社会科学版），2009（06）.

[111] 朱德全，杨鸿．新时期教学论研究的现状与走向［J］．教育研究，2009（03）.

[112] 于泽元．教学论理论范式的比较与超越：以大陆地区为例［J］．西南大学学报（社会科学版），2009（06）.

[113] 安玫．论教学论的学科特性［J］．湖南第一师范学报，2009，9（02）.

[114] 金志远．论教学论的学科认同危机及其根源［J］．当代教育科学，2009（11）.

[115] 裴娣娜．中国教学论学科的当代形态及发展路径［J］．教育研究，2009（03）.

[116] 王慧霞．试论教学论的生活范式转型［J］．天津市教科院学报，2009（01）.

[117] 王嘉毅．从移植到创新——改革开放30年来我国教学论学科的发展［J］．教育研究，2009（01）.

[118] 靳玉乐，董小平．教学论三十年：进展、问题与展望［J］．西南大学学报（社会科学版），2009，（04）.

[119] 苏向荣．教学论基础研究30年：回顾、反思与展望［J］．当代教育与文化，2009（04）.

[120] 熊川武．论教学论基本问题［J］．华东师范大学学报（教育科学版），2010（01）.

[121] 蔡宝来．我国教学论研究范式转型的时代境遇与逻辑路向［J］．教育研究，2010（08）.

[122] 段俊霞．从传统教学论的式微看我国教学研究范式的发展趋势［J］．当代教育科学，2010（03）.

[123] 吉标．制度视角下的教学论研究：意义何在？［J］．山东师范大学学报（人文社会科学版），2010（03）.

[124] 夏青. 浅论宋明理学之知行观 [J]. 大众文艺，2010 (08).

[125] 沈小碚，王天平，张东. 对中国课程与教学论流派构建的审思 [J]. 西南大学学报 (社会科学版)，2010 (01).

[126] 王嘉毅，杨和稳. 近二十年来我国教学论研究的历程及趋势——基于对1990—2008年《课程·教材·教法》刊发的教学论文章的分析 [J]. 课程·教材·教法，2010 (03).

[127] 王鉴，安富海. 教学论学科建设30年 [J]. 当代教育与文化，2010 (01).

[128] 李森，赵鑫. 20世纪中国教学论的重要进展和未来走向 [J]. 教育研究，2009 (10).

[129] 路书红. 教学理论建设的方法论比较 [D]. 山东师范大学，2009.

[130] 刘旭光. 海德格尔与西方思想的两次转渡 [D]. 陕西师范大学，2000.

[131] 林蓉美. 中国传统教学论思想的社会学分析 [D]. 湖南师范大学，2010.

[132] 吴军生. 传统教学论的伦理学分析 [D]. 湖南师范大学，2009.

[133] 孙周兴. 实践哲学的悲哀：关于张汝伦的《历史与实践》[N]. 中华读书报，2000 (29).

(三) 外文类

[1] Andreasen，Janet B. *Classroom Mathematical Practices in a Preservice Elementary Mathematics Education Course Using an Instructional Sequence Related to Place Value and Operations*. University of Central Florida. 2006,

[2] Clayton，Maria Antonia. CAI Portfolio English 111：*A New Direction for Freshman Composition at Middle Tennessee State University*. Middle Tennessee State University，1998.

[3] Domenech Martinez，E，Armas Ramos，H，& Castro Conde，J R.

(2006). Study of the Introduction of the European Credit Transfer System (ECTS) in Pediatrics and Modification of the Teaching Methodology. *An Pediatr (Barc)*, 5, 415-427.

[4] Finnan Christine. (2006). Enacting Curriculum and Teaching Theory in Contexts of Countervailing Thought. *Curriculum & Teaching Dialogue*, 8.

[5] Fox, R. (2007). Gowin's Knowledge Vee and the Integration of Philosophy and Methodology: A Case Study. *Journal of Geography in Higher Educaton*, 31, 269-284.

[6] McIntyre, D. (2003). Using Foregrounding Theory as A Teaching Methodology in A Stylistics Course. *Style Spr*, 1, 1.

[7] Puolimatka. (2001). *Tapio. Spinoza's Theory of Teaching and Indoctrination. Educational Philosophy & Theory*, 33.

[8] TheodorePolito. (2005). Educational Theory as Theory of Culture: A Vichian Perspective on the Educational Theories of John Dewey and Kieran Egan. *Educational Philosophy and theory*, 37.

[9] Wagner, C& Maree, D. (2007). Teaching Research Methodology: Implications for Psychology on the Road Ahead. *South African Journal of Psychology*, 37, 121-134.

[10] Winters, N& Mor, Y. IDR. (2008). *A Participatory Methodology for Interdisciplinary Design in Technology Enhanced Learning*. Computers & Education, 2, 579-600.

[11] Won, DY & Bravo, GA. (2009). *Course Design in Sport Management Education: Addressing Students' Perspectives Through Conjoint Methodology*. Journal of Hospitality Leisure Sport & Tourism Education, 2, 83-96.

[12] Yang, Shih-hsien. (2004). *Being, Doing, and Becoming: Lan-*

guage Learning and Teaching in A Cross-Cultural Setting (Chinese, Taiwan) Indiana University.

[13] *Webster's Third New International Dictionary*, G. C. Merrian Company, 1968.

[14] Etienne Gilson: *The Christian Philosophy of St*, Thomas Aquinas, P. 200、P. 193.

[15] Emile Durkeim. *The Evolution of Education Thought* [M]. Translated by Peter Collins, R. k. p. ,c (1977).

[16] O'Connor, D. J. (1957). *An Introduction to the Philosophy of Education*. Routledge & Paul, London.

[17] Edmumd Husserl (1962), *Ideal*, trans. W. R. Boyce Gibson (New York: Collier/Macmillan), p6.

[18] Kingsley Price. Education and Philosophical Thought [M]. Allyn and Bacon, 1967.

后　记

三年的博士学习生活转瞬即逝，其过程就如同烟火划过夜空所留下的绚烂与痕迹，在我的生命历程中抹上重重的一笔。回想初入校门，怀揣着梦想与忐忑的我来到重庆西南大学。我梦想着能够顺利完成学业、取得博士学位，为我的学业生涯画一完整的句号；忐忑来自北方的我是否能够适应新的环境、结交新的朋友、获得老师的认可。那时的我对未来的可能一无所知，一无所有。三年时间，在师长、亲友的鼎力支持下，走得辛劳却也收获满满，在论文即将付梓之际，思绪万千。行囊中有恩师三年的教诲、师母的关心与呵护、同学的友爱与欢乐，以及西南大学赋予我的新的感受与生命。这一切都让我感恩、感动、感激与感谢！

感恩李森老师和师母郑红苹女士！恩师科学严谨的治学态度、真诚认真的待人接物风范、幽默风趣的言谈举止都深刻影响着我。记得课堂上恩师侃侃而谈、神采飞扬、引人入胜的讲授；记得席间恩师寓教于乐、为师亦为友的人格魅力；记得遭遇学术荆棘时恩师犀利的指导与温润鼓励；记得小有所获时恩师的褒奖……这些点滴汇聚成为隽永的记忆将影响我终身。恩师以潜移默化、言传身教的方式告诉我们，不仅要学问做得好，更要“做得好人”。师母郑红苹女士是我见过的最典雅的女性。温婉、贤淑、善解人意之类形容女性的词汇用在师母身上并不夸张。如果说恩师更多的是在学术和为人做事上言传身教，那师母则更多的是在生活上关心和呵护我们，温暖着李门大家庭的每一个人！语言是人类用于交流和表达的符号，此时此刻，只觉得语言是如此匮乏无力，难以表达心中对恩师及师母的感恩之心。

感动于我亲爱的同学们！三年的时间，有他们陪伴，我很快乐，非常快乐！知性优雅的伍叶琴老师、干练爽直的高岩老师、能干又俏皮的胡白云，让我见识到如水般的温婉与如山般的坚毅可以如此和谐地体现，他们是我学习的榜样，也是我永远的姐妹。聪敏又热忱的吴文、睿智又豁达的刘伟，在三年的时间中像照顾妹妹一样照顾我，使我在紧张的学习中张弛有度、劳逸结合，生活过得充实又幸福。感动师门这个如此和谐的大家庭！师兄刘忠政、宋德云、张家政、张涛、陈勇、赵鑫、王天平、张东，师姐匡芳涛、张姝，师弟张建佳、杜尚荣、杨智、段胜峰、李德全，师妹刘旖洁、马琴、刘桂影、亓玉慧，他们对我的关心和帮助我将永远铭记！

感激在三年的学习生活中，对我的学习和研究提供帮助的老师！感激廖其发教授、靳玉乐教授、刘义兵教授、于泽元教授、刘茜教授、王牧华副教授、张家军副教授、沈小碚副教授、徐中仁老师、胡熔老师等，为我提供了科学严谨的研究氛围和文化滋养。感谢北京师范大学王本陆教授、陕西师范大学陈晓端教授、上海师范大学蔡宝来教授，论文开题中的犀利点评与悉心指导使我受益！

感谢我的父母与家人！感谢父母陆天苍先生、史桂琴女士无所保留地支持、包容我这个任性的小女儿，父母是我不断前行的动力！感谢我先生顾明岩，无怨无悔地支持我的学业，一路与他同行，是我的幸福！

在论文写作与研究暂告一段落的此刻，仅以这些表达不力、挂一漏万的言语表示我的心情。愿此刻幸福的我一直如此幸福！

陆明玉
于西南大学